« Je ne lui dis rien,
je l'aime »

PÈRE JACQUES, o. cist.

« Je ne lui dis rien, je l'aime »

La prière contemplative

BELLARMIN

Données de catalogage avant publication (Canada)

Père Jacques
Je ne lui dis rien, je l'aime: la prière contemplative
Comprend des réf. bibliogr.

ISBN 2-89007-896-5

1. Oraison.
2. Prière. 3. Contemplation.
4. Dieu – Adoration et amour.
I. Titre

BV5091.C7V36 1999 248.3'4 C99-940649-3

Dépôt légal: 2e trimestre 1999
Bibliothèque nationale du Québec

Les Éditions Bellarmin remercient le ministère du Patrimoine canadien du soutien qui leur est accordé dans le cadre du Programme d'aide au développement de l'industrie de l'édition.
Les Éditions Bellarmin remercient également le Conseil des Arts du Canada et la Société de développement des entreprises culturelles du Québec (SODEC).

Aux personnes qui m'ont éclairé
de leurs confidences
alors qu'elles venaient
me demander conseil.

Prologue
(sous forme de fable)

Il y eut, un jour, une grande assemblée tenue par tous les animaux. C'était il y a très, très longtemps. En fait, c'était le sixième jour de la création, vers l'heure du midi. Les oiseaux et les poissons avaient été créés la veille et les animaux terrestres, le matin même. Tous étaient absolument ébahis par un tel foisonnement de couleurs et de formes. Le Lion, qui pour l'heure ne mangeait que de l'herbe, mais qui avait déjà des prétentions à la royauté, convoqua tous ses sujets et leur tint, à peu près, les propos que voici. (Je dis « à peu près », parce que le mot à mot exact n'en a pas été conservé. Ceci pour la bonne raison qu'Adam n'était pas encore là, Dieu s'étant réservé cet après-midi, tout exprès, rien que pour le former.)

— Chers amis, tout est tellement splendide, qu'avant de nous disperser sur toute la terre, je crois qu'il conviendrait que nous fassions à notre Créateur une adresse qui soit digne de lui. Ce serait une première prière, formulée par l'un de nous, au nom de tous.

Le mandement n'était pas terminé que le Lion eut l'intuition qu'on se mettait à songer à lui comme porte-parole. Il s'empressa donc d'ajouter que son rugissement ne serait pas dans le ton voulu et qu'il valait mieux porter son choix sur quelqu'un d'autre.

Les animaux se regardèrent. Peu à peu, les yeux se fixèrent sur le Perroquet. Il avait grand habit, beau plumage. Il avait bon bec et savait s'en servir. Déjà tous avaient remarqué son éloquence, et comme il ne datait que de la veille, on ne le savait pas encore bavard. Choisi, il s'empressa de faire montre de son talent.

Très vite, le Lion trouva qu'il se répétait.

— Il faudrait quelqu'un de plus inventif et de plus éclairé, suggéra-t-il.

Le Singe fut poussé en avant. Il argumenta avec moult intelligence sur les cinq majestueuses dignités de Dieu : deux principales et trois secondaires.

Il n'en était pas aux trois quarts que le Flamant Rose, debout rien que sur une patte, s'endormit malgré lui, la tête sous l'aile. C'était la faillite de la rhétorique. Il fallut trouver une autre forme de langage.

Le Paon se savait le pouvoir d'argumenter autrement. Il fit deux pas en avant, se tourna et fit la roue. Ce n'était pas de l'orgueil, puisque le péché originel n'avait pas encore été inventé. Disons que c'était pour faire bonne présentation. L'effet fut néanmoins presque nul. Le Colibri se présentait aussi bien, tout en en faisant beaucoup moins.

Espérant mousser sa candidature, l'Ours, qui ne donna jamais dans la subtilité, insinua alors tout fort qu'il fallait, pour bien prier, se mettre à la hauteur de Dieu. La Girafe, pensant qu'on parlait d'elle, déclara d'en haut :

— Si c'est pour se hisser au niveau de l'Auditeur, chers collègues, veuillez croire que je...

L'Éléphant déjà protestait de ses deux oreilles quand le Renard, pour sauver la situation, avisa :

— Vous n'allez pas me croire, mais j'ai entendu dire qu'Il préfère les petits.

— Mais c'est invraisemblable !

— Impossible. Il faudrait élire le Maringouin : on ne l'entendrait même pas...

Ce n'est pas qu'il ne pouvait se faire entendre, mais le Maringouin préférait agir sans se faire trop remarquer. Sa stratégie n'a guère changé depuis. Il déclina donc l'invitation.

La Girafe avait profité de la confusion pour se faire oublier. Le Crocodile, pressenti à son tour, s'esquiva, faisant valoir qu'il n'avait pas l'élégance qu'il aurait fallu pour la circonstance. Le Vautour prétexta son métier. L'Hippopotame, qu'il lui manquait des dents.

En plein tapage, quelqu'un (on n'a jamais su exactement qui) proposa le Chien, à cause de sa fidélité, pour réciter à Dieu une petite élévation spirituelle portant, par exemple, sur l'attachement et la fidélité de tous. Ah ! C'est grand malheur pour nous, les Humains, que cette proposition ne fut pas appuyée. Si la prière avait reçu le Chien comme saint patron, la persévérance eut été son caractère premier, et l'histoire du salut eut été vraisemblablement tout autre. Mais le tumulte régnait.

Quand le chahut se fut un peu calmé, le Serpent, qui était déjà rusé, mais pas encore jaloux puisque Ève n'existait pas encore, exprima l'avis que le Pinson, à ses yeux, pourrait satisfaire tout le monde.

— Beau, mais sans ostentation. Élégant, mais sans enflure. De vertueuse réputation. Surtout, doté d'un lyrisme capable de faire vibrer la corde sensible. Avec quelle prière riche en envolées il nous représenterait ! Tant d'émotions, bellement exprimées, et à plein gosier ! Dieu se laisserait toucher à coup sûr...

On ne savait pas encore qu'il y a plus de joie dans le ciel pour la prière des publicains et des pécheurs, donc que la vertu est superflue ; ce serait anticiper. Mais le reste du portrait gagna l'adhésion : le vote favorable fut unanime. Ou presque, car il y eut une abstention : la Tortue qui, décidément, n'arrivait plus à suivre...

— Mais Dieu, lui, où se trouve-t-il maintenant ? questionna une petite voix un peu affolée.

On chercha un peu et ce fut la Gazelle qui finit par répondre :

— Je viens de l'apercevoir à l'instant, marchant au bord de l'eau, sondant la grève, cherchant Dieu sait quoi...

Le Lion ouvrit la procession qui se fit deux par deux. De fait le Créateur était à modeler la glaise.

— Ce n'est pas très réussi cette fois, se dit le Roi des animaux, mais, conscient de son rôle, il s'efforça de n'en laisser rien paraître.

Dieu devina quand même un peu, à moins qu'il voulut simplement justifier ses mains terreuses :

— Ceci sera mon chef-d'œuvre, c'est pourquoi j'y mets la main personnellement. Tout le reste n'était que le décor.

Il se ravisa pour ne blesser personne : « Ou plutôt la châsse. »

Le Lion n'écouta guère, il était tout entier à préparer son boniment. Il s'excusa tout d'abord de déranger, présenta le projet commun des créatures, expliqua que l'un allait, au nom de tous, poser le tout premier acte de piété. Celui-ci exprimerait la ferveur commune et servirait ensuite de modèle, au fil des âges. Ce disant, porté par l'emphase, le Lion fit un grand geste circulaire qui, à son insu, inclut Adam, encore informe. Cette première prière lui servirait donc d'exemple à lui aussi. Dieu sourcilla, trouvant que la juridiction du Roi allait un peu trop loin, mais ne rectifia rien, se disant qu'une leçon peut toujours être bonne à prendre. On fit silence.

Que se passa-t-il ensuite ? Fut-ce la gêne ? Le Pinson voulut-il ménager ses effets ? Attendit-il que le silence fut d'un blanc absolument pur pour faire éclater d'autant plus la couleur de ses émotions ?

Toujours est-il qu'après un moment où il ne se passa rien, Dieu, comme s'il avait entendu quelque chose, se tourna subitement vers un arbre tout proche et s'écria :

— C'est exactement cette prière que j'espérais ! Quelle bonne surprise !

Étonnés, tous se retournèrent, mais on ne vit qu'une tourterelle. Étranglée de confusion, celle-ci finit par articuler :

— Moi… mais je n'ai rien dit. Je vous le jure. Je ne sais même pas chanter. Et je suis terne de plumage. Et… à vous, mon Dieu, je demande pardon si, en vous voyant, sous l'émotion, je n'ai pu m'empêcher de contenir un « ouh-ouh ».

— Tu ne sais pas discourir, mais tu sais aimer, corrigea tendrement le Créateur. Et c'est là un langage qui m'enchante. Quel porte-parole pour la prière ! Mes amis, votre choix me ravit. Oui, que la colombe vous apprenne à prier : elle est le symbole de l'amour. Un jour, j'enverrai mon Esprit saint, pour enseigner aux Humains comment prier. Car ils ne le sauront jamais comme il faut. Je me demandais quelle figure lui prêter, mais grâce à vous j'ai trouvé : ce sera sous forme d'une colombe.

Introduction

Prier, c'est...

« En dehors de l'amour, Dieu est introuvable[1]. »

Jacques GUILLET

Prier, c'est se laisser aimer. C'est aimer en retour. Recto et verso d'une même démarche. Je me propose ici de traiter de la prière surtout sous le second angle, non pas qu'il soit le plus important, mais on ne peut hélas parler de tout.

Prier, donc, c'est aimer. Rassurez-vous : l'expression n'est pas de moi. Elle se faufile à travers toute la tradition chrétienne avant de trouver sa forme parfaite sous la plume de Thérèse d'Avila : « Il ne s'agit pas de beaucoup penser, mais de beaucoup aimer[2]. » Charles de Foucauld la fera rebondir : « Plus on aime, mieux on prie[3]. »

1. Jacques GUILLET, *Parole de Dieu, paroles d'Église,* Paris, Droguet-Ardant, 1980, p. 52.

2. Sainte THÉRÈSE D'AVILA, *Livre des fondations*, chap. V, 2. Même expression dans *Le château intérieur*, quatrièmes demeures, chap. I, 7.

3. Charles DE FOUCAULD, *Écrits spirituels*, 13e éd., Paris, J. de Girord, 1957, p. 162.

Une aventure d'amoureux, en somme. Et, en tant que telle, elle consiste à se tenir doucement en sa compagnie, à converser à demi-mot, à se blottir dans ses bras, à enfouir son visage dans ses mains ouvertes, à se laisser instruire et bercer par lui. À se confier peut-être, sûrement à l'écouter. Ou simplement, comme en tout amour, à être là, avec la personne aimée, oubliant tout le reste : « Toi seul tu comptes. »

Mais nous voilà immergés déjà dans la grande contemplation. Tâchons plutôt de commencer par le tout début.

Ce n'est pas « beaucoup penser », nous dit-on. Ce n'est donc pas tellement réfléchir sur Dieu, sur sa providence, sa miséricorde ou quelque autre attribut. Pourrait-on s'imaginer un couple d'amoureux dans lequel l'un dit à l'autre, tout à coup : « Arrête un instant, ce que tu me confies là est tellement brillant qu'il faut que j'en prenne note. » Tant mieux si quelque considération sur le Seigneur soutient notre vigilance, mais prier n'implique pas d'abord notre raisonnement.

Si c'est aimer, ce n'est pas « beaucoup parler » non plus. Certes, tout amoureux parle. Il y a même des timides que l'amour rend volubiles. À cause de leurs limites, les mots deviennent très tôt des obstacles. Et on surprendra l'un qui dira à l'autre : « Tais-toi un peu, tu n'as pas encore appris simplement à être avec moi ? » Ce que le Seigneur doit nous dire parfois...

Ce n'est pas affaire de concentration non plus. Surtout pas de « se concentrer »... Ce n'est pas moi qui suis au centre. Au contraire : c'est l'autre. L'amour est sursaut d'étonnement devant l'être aimé. Capacité d'émerveillement. La prière aussi, du moins en ses débuts : « Vraiment, Dieu est ici et je ne le savais pas. » (*Gn* 28,16) Bien sûr qu'il y a intériorisation. Et qu'il faut une plongée en soi-même pour trouver Dieu qui habite au plus intime. Mais quelle différence entre une tension, un effort pour tout oublier hormis soi-même, et une douce fascination, pour cet Autre qui demeure en moi. Qui me fait oublier tout ce qui s'agite au-dehors et qui n'est pas lui.

La prière, au fond, c'est beaucoup plus simple. Je suis persuadé qu'on sait spontanément prier, comme on sait spontanément aimer. Il suffit d'un instant de profonde détresse, d'émerveillement ou de grande joie pour que le cri vers Dieu surgisse, comme il suffit d'une rencontre imprévue pour que le coup de foudre nous enflamme... sans qu'on n'ait rien appris auparavant : ni comment prier, ni comment aimer.

Toutefois, en prière comme en amour, le plus difficile est de tenir. De rester fidèle. De persévérer. C'est à ce point que l'une et l'autre deviennent un véritable travail. Que le ronron de l'habitude menace ou que les soupirs de l'effort se fassent envahissants, il faudra bien recourir alors à quelque technique, à quelque méthode ou procédé pour pouvoir les surmonter. Il faudra quémander quelque conseil de la part de quelqu'un qui sait, lui, pour être passé par là. Au risque que l'une et l'autre se détériorent. Deviennent un labeur desséchant. À reprendre chaque matin de façon opiniâtre. À maintenir sous une tente à oxygène. Bref, que la petite flamme sacrée qui avait tout embrasé au début, et dont on garde la nostalgie, s'éteigne.

— Il y avait pourtant tellement de chaleur au début, se dira d'un côté l'amoureux transi. Comment se fait-il que je ne ressente plus rien de tout cela ?

— Il me semblait que Dieu était tout proche dans les débuts, se dira parallèlement le priant qui regarde sa montre pour la troisième fois en cinq minutes. Comment se fait-il qu'il me semble si lointain maintenant ?

Situations normales pour l'un comme pour l'autre, à condition qu'elles ne durent pas trop, puisqu'on frôle le gouffre. Comment retrouver la lune de miel ? Ce n'est habituellement pas possible. Mais le désert perpétuel n'est pas souhaitable non plus. Ah ! Si l'amoureux avait su garder un peu de l'affection originelle, avec ingéniosité et invention, au fil des jours qui usent et ternissent. Un peu de cette tendresse. De cette attention qui font que l'autre demeure chéri… Et si le priant pouvait avoir fait de même avec son Père de toute bonté, rencontré un jour dans l'enthousiasme, devenu maintenant son Seigneur lointain, perdu de vue dans la routine : garder tendresse et affection.

Une relation amoureuse ne peut pas tenir sans affection, reçue et donnée.

Or la prière, justement, est *relation amoureuse…*

C'est pourquoi prier c'est…

1

... *éveiller son cœur profond*

« Reviens à ton cœur.
Déjà peut-être tu es monté, entré en ton cœur
et tu as appris à t'y fixer.
Que cela ne te suffise pas ; apprends à y séjourner[4]. »

Cistercien anonyme, fin du XIIe siècle

Si vous avez un certain âge, vous vous souvenez probablement de l'endroit où vous étiez lorsque vous avez appris la nouvelle de l'assassinat du président Kennedy, le 22 novembre 1963.

La veuve du pasteur Martin Luther King, Coretta Scott King, raconte ce moment dans ses mémoires[5]. Son mari était à la maison, s'occupant de diverses choses, avec la télévision ouverte à l'arrière-plan. Elle-même était au téléphone. Brusquement, un

4. Attribué à saint BERNARD, *De Domo interiori seu de Conscientia,* cité dans Dom André LOUF, *La voie cistercienne. À l'école de l'amour,* Paris, Desclée de Brouwer, 1980 p. 109.

5. Coretta SCOTT KING, *Ma vie avec Martin Luther King,* Paris, Stock, 1970.

bulletin spécial annonça la tragédie. Ils passèrent un long temps, assis, à voir et à revoir les célèbres images qu'on repassait sans cesse à l'écran. Elle ajoute que Martin était très silencieux pendant toute cette période et que finalement il laissa entendre que cela lui arriverait aussi, que la société était malade.

> Je ne pus rien dire. Il n'y avait pas de mot pour réconforter mon mari. Je ne pouvais que dire : « Ça ne t'arrivera pas. » Je sentais qu'il avait raison. Il y eut un silence affreusement angoissant. Je me suis approchée de lui et je lui ai pris la main[6].

Une parabole pour la prière. Ou plutôt une icône parfaite de ce qu'elle devrait être.

Un moment de telle intensité « qu'il n'y avait pas de mot » pouvant exprimer ce qui est éprouvé. Une totale communion, pourtant. Un même poignard planté en plein cœur, qui coupe le souffle, arrache la parole, fait tâtonner la main, qui en tremble, à la recherche d'une autre main. Une totale communion, oui, mais au-delà du langage. Une éprouvante plongée au plus creux de soi-même. Là où on est en correspondance parfaite avec la douleur qui submerge le cœur de l'autre, comme le sien propre. On a tout saisi de l'autre. On a tout exprimé de soi. Pourtant, on ne s'est rien dit : on ne pouvait plus rien se dire.

Ce devrait être notre prière pour le Vendredi saint. Quand nous sommes heurtés de plein fouet par une détresse sans nom, quand le deuil frappe nos proches, quand l'absurdité de notre condition humaine nous bouleverse et que nous ne savons comment réagir, alors, s'asseoir devant le Seigneur. C'est là une des plus grandes prières qui soient.

L'immense misère des pauvres : par continents entiers... Un être humain sur deux n'a jamais entendu parler de l'Évangile... La

6. *Ibid.*, p. 254.

division des Églises... Le terrorisme, la violence sauvage ou le racisme... Aller devant Dieu et simplement s'asseoir parce que c'est trop lourd à porter tout seul. Se cacher dans la pénombre d'un grand pilier de l'église, pour être seul avec lui. S'enfoncer un peu dans son manteau comme on s'enfonce au-dedans de soi. Ne pas pouvoir exprimer sa souffrance parce qu'il y a un nœud dans la gorge. Et surtout, parce qu'au fond, on conçoit qu'elle est indicible.

Bien des croyants n'ont jamais connu un telle intensité dans leur prière. N'ont jamais expérimenté avec le Seigneur une telle communion dans la détresse (ou dans la joie, comme nous le verrons, ou la gratitude) qui a fait de cet instant de ferveur un moment qu'ils n'ont jamais oublié.

Les « expériences-sommets »

— Il y a six ans, je suis allée en vacances avec mon mari, dans les Rocheuses.

Les yeux de la dame avec qui je suis en entretien depuis quelques minutes se mettent subitement à briller. Je jurerais que ce sont des larmes si un sourire ne me détrompait. Pourtant, j'en suis sûr, il y a un peu d'eau dans les yeux : une vieille émotion revient à fleur de visage.

— Le premier matin de notre arrivée au parc national de Banff, je me suis levée tôt ; je ne m'étais pas encore habituée au décalage horaire. Une brume dense enveloppait tout le paysage. Tout à coup, la brume s'est levée... et j'ai vu les montagnes. Je crois qu'un instant mon cœur a cessé de battre. Tant de grandeur ! C'était indescriptible. Ça montait vers le ciel : le vert des arbres en bas, plus haut le gris des rochers, des escarpements, des falaises vertigineuses, puis le blanc de la neige, un blanc d'une pureté... le ciel bleu enfin qui découpait tout en pointes... Comment vous dire ?...

Il semble que même les gestes amples, qui appuient sa description, n'arrivent pas à tout exprimer. Puis, en baissant le regard, un peu gênée :

— On m'a dit, par après, que j'avais passé plus de deux heures et demie, immobile, à ne rien faire. À regarder. À me remplir de ces montagnes. Plus rien d'autre ne comptait, plus rien d'autre n'existait, il n'y avait que... que cette immensité. C'était tellement grand et je me sentais si petite !

La prière... Faire l'expérience de l'immense majesté de Dieu et de sa propre petitesse... En être écrasé, et ébahi en même temps. Ébahi surtout. Ne voir que lui, sentir qu'il existe, que *lui seul* existe, et qu'on est là, tout petit, *devant lui.*

En avoir le souffle coupé. Ne pouvoir rien dire. N'être distrait par rien. Se sentir projeté hors de soi, ébloui par l'Autre. Et en même temps immergé intensément au plus creux de soi, là où quelque chose de l'Autre est expérimenté.

Pour dénommer le type d'expérience vécue par cette femme, les anglophones vont parler de « *peak experience* », qui a été traduit en français par « expérience-sommet », faute de mieux.

Ces « expériences-sommets » sont variables à l'infini, à tous les barreaux de l'échelle de la vie humaine. Ce peut être à l'occasion d'un deuil imprévu comme au moment où on se penche sur le premier bouquet de crocus jaune or qui vient de s'ouvrir sur le gazon tout neuf du printemps. Ce peut être devant la révélation d'une œuvre d'art : une peinture de Monet, un allégro de Mozart qu'on entend pour la première fois, une réplique au théâtre ou une séquence de film.

Il se peut aussi que ce soit un événement à caractère plus proprement religieux. Un prêtre âgé m'a déjà raconté son premier éblouissement spirituel. C'était lors d'une grandiose célébration liturgique clôturant un pèlerinage qu'il avait fait avec ses parents, petit enfant, au milieu de la foule qui chantait. « À hauteur des fesses », précise-t-il en riant. Il s'en souvenait encore, au point où, s'il retournait sur place, il pourrait désigner précisément le banc où cela s'était produit. De même, cette jeune mère de famille pour qui la grande redécouverte de Dieu s'est faite pendant son accouchement. Elle a perçu avec tout son être ce que voulait dire « Dieu qui donne la vie ». Si diverses qu'elles puissent être, ces « expériences-sommets » ont certaines caractéristiques communes.

La première, on l'aura déjà noté, est que *le temps file.* Passer deux heures et demie debout à regarder, immobile, sans changer de décor, il faut le faire... Et ne pas s'ennuyer en plus... Au contraire, ce sera toujours trop court, et s'il faut partir, ce sera perçu comme une frustration, un arrachement.

La seconde, c'est de n'être *attiré par rien d'autre*, même pas si on est presque directement sollicité.

— Devant ces immenses falaises, on dirait que j'avais tout oublié : le voyage, la maison, les enfants, le travail, même mon mari et même le déjeuner... Ça s'est fait tout seul. J'étais tellement bien au creux de moi-même qu'on dirait que tout le reste avait disparu.

Plus rien d'autre n'existe, ou, en tout cas, plus rien d'autre ne peut nous accaparer. Si je fais déjà le parallèle avec la prière, on pourrait dire qu'il n'y a pas de « distractions », mais n'anticipons pas trop. Contentons-nous de remarquer que, quand nous sommes immergés dans une expérience-sommet, nous savons bien que la planète continue de tourner, que notre entourage est là, et que mille soucis nous attendent, mais c'est comme si rien ne valait la peine que nous nous en préoccupions.

La troisième caractéristique de ces expériences-sommets est qu'elles sont extrêmement *comblantes.*

— Cela s'est passé il y a six ans maintenant, mais je m'en souviens comme si c'était hier. Et depuis, à chaque année, on y est retourné, mon mari et moi. On se dit toujours qu'il faudrait bien aller ailleurs une bonne fois... mais je n'ose pas prendre de risque. C'est tellement beau là-bas.

— Mais votre mari ?

— Il aime prendre du soleil sur une chaise longue.

— Il doit trouver que le soleil est meilleur en Floride...

— Oui, mais il me dit que « mes » montagnes me font tellement de bien, qu'il ne me reconnaît pas quand je reviens. Alors...

Cette caractéristique s'applique particulièrement aux expériences qui sont de teneur positive (découverte artistique, émerveillement esthétique, sentiment de sympathie, etc.) mais je n'exclus pas totalement celles qui sont plus éprouvantes et qui, même si on ne s'en rend compte que des années plus tard, nous auront apporté un capital d'humanisation.

Une autre particularité encore, c'est qu'elles sont relativement *rares.* Nous n'en avons pas deux ou trois par jour. Ce serait d'ailleurs émotionnellement impossible à porter, on éclaterait : « Laissez-moi respirer... » De toute façon, nous sommes incapables de les reproduire à volonté.

— Et c'est à chaque fois la même chose ?

— Ça n'a jamais été comme la première fois. C'est pas possible, c'était trop. Il y a toujours quelque chose qui y ressemble, mais comme la première fois, non.

Nous aurons beau retourner dans le même décor, nous remettre dans la même ambiance, l'instant magique ne sera pas au rendez-vous pour autant.

La « prière-sommet »

Mes excuses. Je viens tout juste de promettre, dans l'introduction, de ne pas commencer par la prière trop hautement contemplative, et nous voilà les deux pieds dedans. Trop tard pour reculer...

C'est que la prière est du même ordre. Ou plutôt que certains moments de prière, lorsque celle-ci devient particulièrement intense, ressemblent à ces expériences-sommets. Ce qui est très exceptionnel, je le reconnais. Cela n'arrive qu'une ou deux fois dans toute une vie. Au maximum quatre ou cinq si vous êtes privilégié. J'intitulerais cela la « prière-sommet ».

Je me souviens d'avoir vécu un moment comme celui-là. Je devais avoir sept ou huit ans. La brise d'un printemps tout neuf m'avait poussé, du haut de mes petites jambes, un peu plus loin qu'à l'ordinaire, jusqu'à un petit boisé distant de quelques centaines de mètres de la maison. En y pénétrant, je fus tout à coup entouré d'un fabuleux tapis vert tendre couvert d'une constellation de petites fleurs bleues, jaunes et blanches. Je suis resté cloué sur place. Il y en avait à perte de vue. Un foisonnement dont chacune était un chef-d'œuvre en soi. Je n'aurais jamais imaginé qu'il put y en avoir tant de par le monde entier. Et elles étaient toutes là, à portée de la main.

— Comme le Créateur est prodigieux ! On ne peut le voir, et si la nature n'est que son vêtement, comme il doit être splendide ! S'il est capable de faire autant de fleurs sans que personne ne le lui demande et sans que personne même ne le sache, que ne ferait-il pas pour moi si je m'adressais à lui ?

Je verbalise ainsi, *a posteriori*, ce que j'ai ressenti au plus creux de mon petit cœur d'enfant, qui devenait brusquement trop grand pour ma poitrine. Mais je me souviens très bien de n'avoir rien dit. Je n'aurais pas eu les mots pour le faire si j'avais voulu, de toute façon. À Dieu qui, tout à coup, était partout, je n'ai donc pas parlé. J'ai peut-être pleuré. D'émerveillement.

Je ne garde aucun souvenir de la première fois où je suis allé à l'église paroissiale. Je ne me souviens pas non plus de ma première communion. J'ai presque tout oublié de mon premier catéchisme. Mais je peux encore décrire, comme si c'était hier, ce moment précis où, à l'orée de la forêt, Dieu est devenu le grand, l'immense *Quelqu'un*. Quelqu'un d'agissant et d'attentif à la moindre petite chose, fût-ce une fleur minuscule perdue dans la mer de ses semblables.

N'ayez crainte, vous n'avez aucune raison d'être jaloux : cela ne s'est jamais reproduit par la suite. Je ne suis donc pas un être exceptionnel sur qui les grâces du ciel se déversent par ondées.

Quarante ans plus tard, je vois cet événement comme une étape de base dans mon cheminement spirituel : une des fondations de ma vie monastique. Ce tapis d'humbles fleurs printanières m'enseigne encore à prier...

Non pas que je puisse le reproduire : il demeure unique par définition. Pas même que je puisse vivre quelque chose de semblable à chaque fois que je me mets en prière : ce serait trop beau. Mais il m'indique de loin, *de très loin*, une direction. J'ai, depuis ce moment et pour toute ma vie, un modèle, quoique inatteignable, vers lequel je dois tendre. Je m'y essaie. C'est tout ce que Dieu me demande.

Peut-être avez-vous une page semblable dans votre histoire sainte. Savez-vous vous en inspirer ?

Le cœur profond

Précisons une dernière caractéristique des expériences-sommets : elles nous plongent dans notre *cœur profond*[7].

7. C'est à dessein que je n'emploie pas le mot « cœur » tout seul, à cause de ses connotations contemporaines trop proches de « sensibilité », mais « cœur profond », pour me rapprocher du sens biblique du mot.

« Dans notre façon actuelle de parler, "cœur" n'évoque guère que la vie affective. [La Bible] conçoit le cœur comme le "dedans" de l'homme en un sens beaucoup plus large. En plus des sentiments, le cœur contient aussi les souvenirs et les idées, les projets et les décisions. [...] C'est le centre de l'être, là où l'homme dialogue avec lui-même, assume ses responsabilités, s'ouvre ou se ferme à Dieu. » Article « Cœur » dans X.-L. Dufour (dir.), *Vocabulaire de théologie biblique*, Paris, Cerf, 1977, p. 175.

De ce cœur profond, pas facile de parler. Nous avons, au-dedans de nous, un *lieu intérieur* que je qualifierais de « psychosomatique » où nous entraînent nos émotions profondes. Pas les émois plus ou moins exaltants qui nous affectent à tout propos, mais cet élan affectif qui nous plonge au plus creux de nous-mêmes et qui met en veilleuse tout ce qui nous solliciterait en surface. On dirait alors que tout notre être est monopolisé par cette émotion. Que tout le « fluide » de notre conscience se concentre sur elle et en ce lieu intérieur où cette émotion nous chavire.

Certains mystiques en ont parlé comme d'un « abîme », d'un « océan intérieur » dans lequel on plonge, d'un « puits » dont la profondeur vertigineuse nous aspire sans cesse. L'impression psychologique dominante est alors qu'on y « descend ». On y « sombre », on s'y « perd » comme une éponge que l'on jette à la mer, diront-ils. Je reprendrai ce langage de plongée pour notre propos.

Il aurait été possible de parler autrement. Lorsque dominent les élans d'amour, les embrasements du cœur, on se sent « aspiré » vers le haut. D'autres spirituels ont donc cherché leurs images dans le sens de la hauteur. Ils parlent alors de la « cime de l'esprit » ou de la « fine pointe » de l'âme. Pour ne pas créer de confusion, je n'utiliserai pas ce vocabulaire ; retenons seulement qu'il est possible.

Mais tout cela ne clarifie pas beaucoup les choses. Revenons au vécu. Coretta King, au moment raconté plus haut, était immergée dans son cœur profond. L'amante des Rocheuses, tout comme le bambin que j'étais, en passant par l'esthète rejoint par l'œuvre d'art et le cinéphile par le film, tous nous étions, au moment évoqué, situés au creux de notre cœur profond.

Et vous y êtes quand un deuil vous affecte. Quand une détresse vous atteint. Ne dit-on pas, à ce moment-là, qu'on a « le cœur gros » ? Vous y êtes quand une grande joie vous envahit.

C'est le lieu de vos sentiments véhéments : la joie, la peine, l'admiration, l'émerveillement, la peur.

C'est le lieu où vous aimez. C'est-à-dire l'endroit de vous-même qui se met en mouvement, qui se met à vibrer lorsque le sentiment amoureux vous envahit.

C'est le lieu de Dieu, enfin. C'est-à-dire l'endroit où Dieu est en mesure de vous toucher. Où il est, sans que vous le sachiez, toujours en contact avec vous. Dieu vous rejoint par le dedans, même quand ce qui vous parle de lui vient du dehors.

C'est donc aussi le lieu de la prière. « Descends dans ton cœur et là, va à Dieu », dit saint Augustin. Le plus souvent nous prions avec les parties superficielles de nous-mêmes. La prière est alors agitée et instable. On a de la difficulté à tenir. Le temps se fait long. On est constamment « parti ». On doit sans cesse « se ramasser ».

Pourtant la dame des Rocheuses, elle, n'éprouvait aucune difficulté à durer. Elle ne se plaignait pas d'avoir des distractions. Pourrait-elle nous apprendre quelque chose concernant la prière ?

Nos propres expériences de prière ne pourraient-elles pas nous apprendre quelque chose ? Par exemple, *comment trouver le chemin du cœur profond* ?

À noter que je ne prétends pas que la prière s'identifie à une forte émotion. Absolument pas. Ni même qu'il y ait un lien de cause à effet entre l'une et l'autre. Au contraire, plus la prière s'approfondit, plus elle gagne en sobriété, comme nous aurons l'occasion de le montrer. Mon intention est simplement de faire voir que l'une et l'autre *jaillissent du même fond.*

N'avez-vous jamais remarqué que, dans certaines situations limites, *« ça » prie au-dedans de vous* ? Presque à votre insu. Vous passez imperceptiblement du bouleversement à la prière, même si vous êtes peu croyant, voire pas du tout. C'est que vous êtes descendu à cet endroit précis de vous-même où l'émotion et la prière prennent leur envol. Leur lieu de naissance est identique.

Lorsque vous êtes ébahi devant un paysage, il vous est presque naturel d'éclater en action de grâce pour le Créateur. L'émerveillement vous a fait descendre au creux de votre être, et c'est là, au centre, que vous vous mettez presque spontanément à prier. Ou plutôt, c'est ce centre qui se met à prier. C'est le cœur qui prie...

Autre exemple. Lorsque vous êtes sous le choc d'une épreuve, l'imploration jaillit presque malgré vous. La douleur vous a entraîné tout entier dans le lieu du cœur. C'est là que la prière surgit. Vous glissez d'un amour blessé (par la cause qui vous afflige) vers un amour suppliant (dans la prière). Votre amour change un peu d'accent, mais c'est le même amour qui surgit d'un organe unique. Le *lieu où l'on aime est toujours le même.* C'est lui que je vous propose d'essayer de découvrir. « Ça » prie tout seul à cet endroit. Ou presque.

L'organe de la prière

Je dois pourtant vous avouer que j'ai bluffé. Si vous m'avez fidèlement suivi jusqu'ici, vous êtes sur le point de croire que la prière contemplative s'accompagne d'une avalanche d'émotions fortes. Il est maintenant temps de vous détromper.

La prière est une expérience-sommet, oui, mais d'un type bien particulier. Illustrons-la par quelques cas qui lui sont ressemblants.

- Vous êtes debout dans la fenêtre de votre salon et vous admirez sans fin la première neige qui tombe à gros flocons, comme de la ouate, sur le sol qui se transforme peu à peu en une mer de coton.
- Le temps d'une soirée, vous êtes seul à la maison, assis confortablement à ne rien faire. Les haut-parleurs distillent une pièce de musique grégorienne qui vous emporte dans ses entrelacs à la fois sereins, graves et majestueux.
- Vous vous trouvez à l'écart de tout, au bord d'un lac paré de ses couleurs d'octobre. Le soleil couchant, perce tout à coup

entre les collines et change le paysage en un jeu de flammes ardentes.

Dans chacun de ces trois cas, vous éprouvez quelque chose de bien particulier, qui, même dans le langage courant, sera exprimé en termes de « contemplation » : « J'étais en contemplation devant... »

Et maintenant, si je vous demande ce que vous ressentiez à ce moment-là, vous allez me répondre :

— Rien. Rien, sinon une grande paix intérieure. Un grand calme et une grande sérénité.

Et pourtant, vous n'en êtes pas moins situé dans votre cœur profond. Si je prends une image, je dirais que ce dernier a plusieurs portes d'entrée. Il y a, sur le devant, la porte principale. C'est pour la grande visite ; on y entre en faisant du remue-ménage. Un visiteur qui passe par cette porte alarme toute la maison : effusions et grand émoi. Mais il y a, un peu en retrait, la porte de côté. On y passe plus discrètement, sans sonner. Elle sert pour les habitués, ceux qu'on ne remarque plus avec le temps.

Certains événements entrent par la grande porte. D'autres, comme les trois que je viens d'énumérer, par la porte secondaire. Pour la dame des Rocheuses, les montagnes sont entrées, la première fois, par la porte principale, provoquant tout un branle-bas imprévu. Puis, de plus en plus souvent, par la porte secondaire, causant seulement une grande impression de calme intérieur.

Dieu aussi, parfois, entre par la grande porte. Il se manifeste alors à notre sensibilité qui réagit par la louange et l'exultation. Puis, à mesure qu'il devient un habitué de la maison, à mesure que nous nous familiarisons avec ses visites, il se produit une sorte de suspension des émotions. Son avènement est alors un moment où « il n'y a plus rien, si ce n'est un sentiment de paix ».

Ce n'est qu'avec l'habitude de cet état que nous pouvons de mieux en mieux le reconnaître... et de moins en moins en parler.

Notre progressive familiarité avec sa présence au centre de nous-mêmes ne nous détache-t-elle pas de nos émotions fortes pour nous conduire à un autre mode de relation, moins sensitif, plus intérieur ?

Nous sommes toujours dans le cœur profond, cet organe spirituel où se passent les choses les plus secrètes entre nous et Dieu. Mais il ne s'agit pas de « se pomper pour se faire chaud en dedans ». Ni de vivre des émotions intempestives : soupirer, pleurer. Encore moins d'être emporté par un ouragan intérieur, brûlant et enflammant tout l'être. Il s'agit plutôt de vivre un état d'apaisement et de sérénité, de recueillement et de paix comme nous l'enseigne saint Jean de la Croix.

> Cette opération de Dieu étant d'une extrême délicatesse et toute spirituelle produit un effet de repos, de suavité, de solitude, de jouissance et de paix [...] Cette paix est celle dont David nous dit qu'elle accompagne la parole de Dieu dans l'âme[8].

C'est désormais à l'attrait de sa présence en nous que nous reconnaissons sa venue : un attrait qui ne vient pas de nos seules émotions. La présence du Seigneur n'est pas toujours sensible, mais toujours s'impose par un « je-ne-sais-quoi » de très intérieur, d'indéfinissable, de presque indicible. Mais de tellement réel ! Ce qui se vit au niveau du cœur profond se résume désormais en une *attention amoureuse* qui est l'attitude contemplative par excellence.

Devant le spectacle de la neige qui tombe ou celui du coucher de soleil, c'est spontanément que vous avez plongé en votre intérieur ; pour la prière contemplative il faut, à l'inverse, l'apprendre. Si vous n'apprenez pas à placer la prière au creux de vous-même,

8. Saint Jean de la Croix, *La nuit obscure,* dans *Œuvres complètes,* vol. IV, Paris, Cerf, 1982, p. 57.

vous allez finir par croire qu'elle se résume en une guerre contre les distractions. Que vous perdrez toujours d'ailleurs...

> Je me souviens que vous m'avez écrit que vous attrapiez mal à la tête quand vous cherchiez à soutenir votre attention. C'est ce qui arrive quand on ne travaille qu'avec la tête ; mais si vous descendez dans le cœur, vous n'aurez plus aucune difficulté. Votre tête se videra et vos pensées tariront. Elles sont toujours dans la tête, se pourchassant l'une l'autre, et on ne parvient pas à les contrôler. Mais si vous entrez dans votre cœur, et si vous êtes capable d'y rester, alors chaque fois que les pensées vous envahiront, vous n'aurez qu'à descendre dans votre cœur et les pensées s'envoleront. Vous vous trouverez dans un havre réconfortant et sûr. Ne soyez pas paresseux, descendez. C'est dans le cœur que se trouve la vie, et c'est là que vous devez vivre[9] .

Mon bluff étant confessé, j'espère les choses plus claires. Essayez maintenant de vous remémorer un court moment où vous vous êtes vraiment senti en présence de Dieu. Le souvenir d'une petite bouffée de prière intense de 15 ou 30 secondes suffira. Pas nécessairement une prière-sommet : un petit instant où il n'y eut plus que lui seul, et où vous *vous êtes senti bien avec lui.* Cela arrive à tout priant, et n'a rien d'exceptionnel.

Essayez de vous remémorer le mieux possible le vécu de ce moment précis, et posez-vous ensuite les questions suivantes :

9. Théophane le Reclus, cité dans Higoumème Chariton de Valmo, *L'art de la prière*, Abbaye de Bellefontaine, 1976, p. 253.

- *Où étais-je au-dedans de moi-même ?* Que se passait-il en moi ? Où cela se passait-il, surtout ? Quelle partie de moi-même était en état de vibration ? Où avais-je conscience d'être concentré ? Pensez au « cœur gros », mais en plus sobre[10].
- *Comment ai-je fait pour parvenir là ?* Quel est le chemin psychique que j'ai emprunté ?
- Et enfin, *comment pourrais-je y retourner quand je prierai la prochaine fois ?*

Difficile ? Ne vous en faites pas, je vous accompagne au cours des prochaines pages. Mon expérience personnelle m'enseigne que tout l'enjeu de la prière se trouve ici.

D'abord prendre conscience qu'il y a ce lieu intérieur où Dieu nous attend. Lorsque la prière nous emporte, que les paroles nous manquent ou que nous baignons dans la paix de la présence de Dieu, nous y sommes inévitablement. Mais encore faut-il conscientiser cet emplacement. Sinon, nous repartirons à tâtons chaque fois que nous nous mettrons en prière. Mais une fois cela fait, lorsque nous voudrons prier, nous n'aurons qu'à retourner à cet endroit de nous-mêmes. La prière viendra spontanément.

Ce qui ne veut pas dire que, dans mon cas, je le fais chaque fois... mais ça, c'est une autre histoire !

10. Chez la plupart des personnes on peut dire que cela se situe à la base du sternum. C'est d'ailleurs là, au niveau de l'estomac, que les religions extrême-orientales placent le centre de l'être, et apprennent à leurs méditants à poser leur regard intérieur. Mais ce n'est pas un absolu ; chez certains individus, ce peut être un peu plus haut, dans la partie supérieure de la poitrine, voire même sous la peau du visage. Lors de fortes émotions, on aura l'impression que cet endroit se réchauffe. Ne pas s'acharner trop, pourtant, à déterminer le lieu « physique », puisque c'est un lieu « psychique » avant tout. Mais il demeure que la plupart sont capables de le localiser assez précisément dans leur corps.

Prier c'est aussi simple qu'aimer

On prie tout naturellement. Il est toutefois bien difficile d'expliquer la prière.

Par exemple, un couple d'amoureux soupe à la chandelle, en tête à tête. Quelques roses, une musique de fond, un éclairage tamisé et l'odeur des escalopes panées ont suffi pour créer l'atmosphère.

Chacune de nos rencontres avec Dieu ne devrait-elle pas tendre vers cette intimité cordiale qu'on retrouve chez des amoureux ? Y parvenir est impossible. Prenons-les quand même pour modèles, peu importe si les réussites sont rares. Après tout, tous nos repas ne sont pas des soupers à la chandelle non plus...

Écoutons-les. Ils se disent combien ils sont heureux d'être ensemble. La tranquille joie qu'ils ont de se revoir. Ils ne discutent nullement des grandes nouvelles du jour ; loin d'eux de débattre des grands problèmes de société. Ils mettent leurs cœurs au diapason en partageant leurs sentiments réciproques. Simple échange cordial.

Notre prière ne devrait-elle pas emprunter le même chemin ? Plutôt que de placoter de tout et de rien, confions-lui ce qui nous émeut, nous préoccupe, nous réjouit. Nous aurons plus de chance d'être sur le chemin du cœur[11].

Mais voilà qu'ils ne parlent presque plus. Il va falloir nous approcher pour mieux entendre. Si. Il y a encore un mot une fois de temps en temps. Murmuré plus que dit. Presque lu sur les lèvres. Entrecoupé de longs silences. Mais de silences chargés d'un trop-plein, on dirait.

Notre prière ne pourrait-elle pas se condenser en quelques paroles, en un compliment, en un simple appel ? Voire en un seul

11. Nous y reviendrons plus longuement au chapitre suivant.

mot, dont toute la valeur réside dans le long écrin de silence qui le précède et le suit et qui lui donne tout son éclat[12] ?

On jurerait maintenant qu'ils ne font plus que se regarder. Ils n'ont pourtant pas l'air de s'ennuyer. Ni de n'avoir plus rien à se dire. Mais les lèvres se font muettes pour tout, sauf pour sourire, et les yeux s'abreuvent du regard de l'autre.

Saurions-nous trouver du bonheur à le regarder, et à nous laisser regarder par lui ? Serions-nous capables de nous laisser envelopper par son regard aimant et lire sa réponse à nos détresses dans ses yeux qui veillent sur nous[13] ?

Mais ils ne font pas que se regarder, voilà que leurs doigts se cherchent, se touchent, s'entrelacent. Tout en douceur et en délicatesse, les mains de l'un et de l'autre se sont jointes, caressées, puis portées aux lèvres.

Saurions-nous déposer nos mains dans les siennes, nos mains sèches et vides, pour qu'il les accueille et les réchauffe ; nos mains calleuses ou fainéantes, pour qu'il en fasse celles qu'il voudra, les remodelant à sa manière[14] ?

Remarquons enfin que rien ne semble pouvoir les distraire l'un de l'autre. À croire qu'ils n'entendent même pas la télé de l'appartement voisin, dont le chahut, pourtant, les mettrait en rogne en toute autre circonstance. Et toutes ces préoccupations qu'ils croyaient si accaparantes, ces questions de budget, de dossiers à préparer, de courses à faire, ne leur effleurent même plus l'esprit. À plus forte raison, ne leur occupent-elles pas le cœur. Le cœur est tout à l'autre et l'autre seul est dans le cœur.

12. Ce sera l'objet du chapitre 3.
13. Nous développerons au chapitre 4.
14. La gestuelle dans la prière sera prise en compte dans les chapitres 5 et 6.

Le vrai défi dans la prière

Oh ! la belle définition de la prière que voilà : « Le cœur est tout à l'Autre et l'Autre seul est dans le cœur. » Je n'ai pas la prétention de dire qu'on y parvient souvent. C'est même excessivement rare, je le sais par expérience. Et pourtant, j'aime bien cette expression, elle indique, encore une fois, un idéal, ce qu'il y a au bout du chemin. Pour bien prendre le chemin de la prière, il n'est pas inutile de savoir où cela mène. De cette manière, nous serons *aimantés*[15] dans la bonne direction.

Définir ainsi la prière permet aussi de démasquer tous les faux prétextes que nous nous forgeons pour justifier sa médiocrité : le manque de temps, la lourdeur de nos responsabilités, le bruit ambiant... et j'en passe.

Alors que de nouveaux amoureux réussissent toujours à trouver le moyen de se rencontrer : il y a une place centrale qui est allouée à ce rendez-vous, si bref soit-il. Ils auront beau être en pleine période d'examens, toute leur journée sera organisée en fonction de ces quelques minutes à passer ensemble.

On peut en conclure que la vraie raison qui nous empêche de rencontrer le Christ, ce n'est pas réellement le manque de temps. « On trouve toujours du temps pour ce qu'on aime », dit le dicton.

La jeune fille qui attend un téléphone de son ami retenu au loin ? Le pire vacarme ne l'empêchera pas d'entendre la sonnerie et de courir à l'appareil, même si c'est le grand *party* familial du jour de l'An et qu'elle a trois petites nièces qui crient autour d'elle. Elle va entendre. Elle sera même la seule à entendre. À croire que c'est le cœur qui entend...

15. En jouant sur les deux homonymes: aimant = magnétique et aimant = affectueux.

Au milieu du tapage que nous nous entretenons jusqu'au dedans de nous, sommes-nous encore capables d'entendre l'appel du Seigneur qui nous aime ? « On entend ce qu'on veut », dit encore le dicton. « Pas de pire sourd que celui qui ne veut pas entendre. » Voulons-nous vraiment entendre ?

Et le jeune homme dans une soirée... Tous les invités sont en noir et blanc il n'y a que « elle » qui soit en couleurs. Vous est-il déjà arrivé de vous retrouver dans un cocktail et de savoir que votre « flamme » (surtout si elle est encore non déclarée), est à une dizaine de pieds de vous ? Vous n'écoutez plus ceux avec qui vous discutez, vous n'avez d'oreilles que pour ce qui se dit là-bas... Encore le cœur qui entend, ma foi...

Quand on dit qu'on est tout envahi par ses multiples besognes, ne serait-ce pas plutôt que le cœur n'est pas tout à fait là où l'Évangile demande qu'il soit ? « Là où est ton trésor, là aussi sera ton cœur. » (*Mt* 6,21)

On accuse le manque de temps et je ne sais quoi encore. Au fond, si quelque chose nous empêche de prier, ne serait-ce pas parce qu'on n'est pas assez amoureux ?

J'aimerais bien avoir cette qualité d'amour, mais j'avoue ne pas l'avoir. J'aimerais bien avoir cette qualité de prière, mais je ne l'ai pas non plus. Les amoureux me désolent. Ou me consolent. C'est selon... Au moins, quand j'envisage le problème de cette façon, je sais où les choses clochent.

Il n'y a pas seulement les amoureux qui me stimulent. Il y a aussi le savant sur le point de mener à bien une expérience. L'étudiante qui prépare un examen important. L'avocat qui monte un dossier.

Avec mes frères et sœurs, il m'arrive moi-même de mettre de côté ce que j'étais en train de faire pour leur être présent. Surtout si c'est quelqu'un que je n'ai pas vu depuis longtemps : je trouve du temps... Pourquoi pas pour le Seigneur ? Quand je me fais du souci pour un proche qui est à l'hôpital, je me surprends à penser à lui sans cesse. Pourquoi tant de négligence quand il s'agit de penser à Dieu ? On pourrait multiplier les exemples.

Toute comparaison boite et celles-ci comme les autres. Elles nous présentent une prière qui touche au sublime. Mais je me dis que si je me contente de regarder où j'en suis, je ne m'améliorerai jamais, et que ce n'est qu'en regardant loin en avant que je finirai par y parvenir.

2

... s'entretenir avec lui

> « Je connais en effet, beaucoup de personnes, qui prient vocalement, et que Dieu élève, sans qu'elles sachent comment, à une haute contemplation[16]. »
>
> sainte THÉRÈSE D'AVILA

Je suis prêt à parier que, la première fois que vous vous êtes surpris à prier Dieu, vous étiez en train de lui *parler*. Et je ne risque pas de perdre ma mise puisque c'est l'évidence.

Comme nous aurons l'occasion de le voir, la prière ne se résume pas à « parler à Dieu », même s'il n'en reste pas moins que toute prière, et surtout celle qui commence à surgir, prend la forme d'un propos qu'on lui adresse. Lui parler en toute familiarité, comme la Bible nous en offre tant d'exemples.

16. Sainte THÉRÈSE D'AVILA, *Le chemin de la perfection*, trad. P. Grégoire de Saint-Joseph, Paris, Seuil, 1961, p. 178.

> C'est proprement , dit saint Ignace, parler comme un ami parle à son ami ou un serviteur à son maître. Tantôt on demande une grâce, tantôt on s'accuse d'une chose mal faite, tantôt on confie ses affaires et on demande là-dessus conseil[17].

Comme deux amis, donc. La prière doit avoir l'aisance, la simplicité, la familiarité respectueuse, le naturel, l'imprévu et le sans-façon d'une conversation entre familiers. Avec le sentiment d'une heureuse complicité.

Ou encore comme deux amoureux. L'amour « va sans dire », mais il va mieux en se disant. Deux amoureux qui s'aiment, et se savent aimés l'un de l'autre, ne se lassent jamais de se le redire. Ils sont émerveillés de ce qui leur arrive ; ils se le redisent de toutes les façons possibles ; ils inventeront même un langage compris d'eux seuls.

Leur amour a besoin d'être dit. Il peut se faire silencieux, mais il n'est jamais muet. Il aura toujours besoin de se déclarer, et il le fera par le biais de la confidence.

Ce n'est pas le contenu qui est important, c'est le fait de se le dire. D'ailleurs, si on réussissait à surprendre leurs déclarations, assis sur un banc du parc, et à tout enregistrer, on n'y trouverait rien de plus bête. Pourtant, s'ils ne s'apprennent rien de neuf, c'est en le reformulant sans cesse qu'ils font exister leur amour. Des années plus tard, il se pourra que l'un dise à l'autre : « Tu ne me le dis jamais que tu m'aimes. » Ce n'est pas qu'on manque de preuves, c'est que l'amour n'est plus reformulé, ce qui lui est essentiel.

On comprendra la détresse d'un Charles de Foucauld qui écrivait dans son journal, au soir de sa vie : « Je lui dis si souvent que je l'aime et lui ne me le dit jamais. »

17. Saint IGNACE DE LOYOLA, *Exercices Spirituels,* trad. de François Courel, s.j., Bruges, Desclée de Brouwer, 1963, p. 47.

Adressez-lui vos confidences

Si je vous aime, ou si j'ai tout bonnement confiance en vous, je vous ferai la confidence de mon être intime. Mais je ne le ferai que dans la mesure où je vous aime. Il n'y a pas de confidences sans amour et il n'y a pas d'amour sans confidences. Je pourrais même mesurer le degré d'intimité que j'ai avec un tel de mon entourage en mesurant la nature et la quantité des confidences que je peux lui faire. C'est un excellent baromètre, croyez-moi.

La révélation est la confidence que Dieu fait de lui-même à l'être humain. Elle vous parvient par la prédication ou par la lecture méditée de l'Écriture. Cette dernière s'appelle la *lectio divina* et n'est pas seulement « lecture spirituelle », mais bien « lecture divine », ou encore mieux : « lire Dieu ».

Dans cette *lectio*, Dieu vous fait confidence de qui il est, des vibrations de son cœur, des secrets de son mystère.

La prière, c'est alors votre confidence en retour. Elle n'est pas uniquement récitation de formules, si belles soient-elles, mais expression de ce que vous êtes, de ce qui vous habite en ce moment, de vos angoisses, de vos désirs et de vos joies. De petites choses le plus souvent, de grandes parfois.

Non pas pour lui apprendre quelque chose : pour que la relation continue d'exister. Ni pour l'informer d'un événement vous concernant que, peut-être, tout à fait par hasard, il n'aurait pas vu, mais pour que votre amour pour lui se glisse au travers des mots que vous lui adressez. Mine de rien.

Comme dans un couple, quand on se retrouve le soir pour souper, après une journée chargée de part et d'autre, on se raconte mutuellement ce qui s'est passé au bureau ou ailleurs. Il se passe rarement des choses extraordinaires au bureau. Le plus souvent, c'est du pareil au même, et d'une banalité affligeante. Et pourtant il y a ce besoin que ce soit partagé, que l'autre se dise et que l'autre vous écoute.

Il ne s'est rien passé d'extraordinaire, mais ce qui importe c'est que l'être aimé se confie, et c'est en parlant qu'il vous dit — sans le dire — qu'il vous aime et qu'il vous fait confiance. Puisqu'il accepte de se confier à vous. Même dans le plus banal.

Si, avant de vous endormir, le soir, vous racontez votre journée au Seigneur, vous n'avez pas l'ambition de lui en apprendre. Il sait qui vous êtes, ce qui se passe en vous, ce qui vous est arrivé au cours de cette journée que vous remettez maintenant entre ses mains. Mais en lui racontant tout cela, vous lui dites — sans lui dire — que vous lui faites confiance, qu'il a une place dans votre vie. Et que vous l'aimez.

Vous dites plus que les mots que vous employez

La linguistique nous apprend que, quand nous lui parlons, nous exprimons toujours quelque chose de fondamental à notre interlocuteur, quelque chose qui n'est pas dans les mots que nous lui adressons[18].

Prenons l'exemple le plus simple possible : je croise un voisin de palier dans la rue, en face du centre commercial. Nous n'avons pas de liens particuliers, mais nous nous connaissons au moins de visage. Je lui lance : « Bonjour, il fait beau aujourd'hui. »

Si le voisin en question n'est pas complètement stupide, il s'est probablement aperçu, lui aussi, que le soleil est là. Et comme je ne suis pas trop stupide non plus, je présume qu'il le sait autant que moi. Et pourtant je lui dis : « Il fait beau. » Mais, lui disant cela, mon objectif n'est pas tant de lui donner quelque information météorologique que, par hasard, il n'aurait pas remarquée, que de

18. Pour un aperçu, un peu technique, de la question appliquée à la prière, voir Louis-Marie Chauvet, « Liturgie et prière. Éléments de réflexion anthropologique, théologique et pastorale », *La Maison-Dieu*, n° 195, 1993, p. 49-90.

lui signifier *autre* chose. Comme par exemple : « Je vous reconnais et vous ne m'êtes pas totalement indifférent. On n'est pas de grands amis, mais pas tout à fait des étrangers non plus. Si jamais vous avez besoin de moi, faites-le moi savoir, ne vous gênez pas... »

Remarquez que cela, tout en n'étant pas dit, est pourtant exprimé... et compris de part et d'autre. Si, en le voyant venir, je m'étais tourné vers la vitrine du magasin, le voisin aurait su à quoi s'en tenir. Il se serait senti, et à juste titre, injurié. Non pas qu'il aurait manqué quelque information intéressante concernant le temps qu'il fait, mais il aurait compris que je mets la hache dans notre *relation* de bon voisinage. *Ne rien dire*, c'est aussi se faire comprendre. Dans le refus de se parler, un message passe et on sait très bien le traduire tout en ne disant rien.

Je vous laisse maintenant imaginer tout ce qu'implique le seul fait d'accepter de dire un petit mot au Seigneur, avant même de tenir compte du contenu de ce que vous direz. Ne serait-ce que lui dire : « Bonjour, Seigneur. » Toute la différence entre lui dire : « Bonjour, il fait beau aujourd'hui », et ne lui dire rien du tout, se détournant, lorsqu'on pressent son approche.

Prenons un second exemple. Un gamin, plus familier avec l'environnement urbain qu'autre chose, se promenant un jour en forêt avec son père, débusque une grenouille. Il essaie de l'attraper mais, comme on s'en doute, elle lui échappe en sautant dans le ruisseau. Aussitôt, il se précipite vers son père et lui raconte, à bout de souffle et avec une profusion de gestes, comme la grenouille était grosse, et comme elle a sauté loin quand il a voulu lui mettre la main dessus.

Son père, qui n'en est pas à une grenouille près, n'apprend rien dans le discours haletant de son fiston. Il sait depuis longtemps qu'une grenouille ne se laisse pas piéger aussi facilement et que, si on tente de s'en emparer, elle saute au loin. Pourtant, il laisse son enfant tout lui raconter, comme s'il apprenait tout en même temps que lui. Et lui raconter deux fois plutôt qu'une. Et il écoute et il questionne, avec un large sourire.

Au-delà de ce qui est *dit*, et qui ne concerne qu'une misérable grenouille après tout, ne sont-ils pas en train de *vivre* une relation *père-fils* ? Et si le père prend tant de plaisir au bavardage à répétition de son enfant, n'est-ce pas que quelque chose s'exprime dans ce discours qui, bien que non formulé dans les mots qui sont dits, se sert quand même de ces mots pour se dire ?

Si vous avez parfois l'impression de n'avoir rien à confier au Seigneur, ou la sensation que ce que vous lui racontez n'est que pur radotage, que c'est inutile puisqu'il sait tout d'avance, est-ce que vous n'êtes pas en train d'oublier qu'au-delà de ce que vous lui dites, vous ne lui parlez que parce que vous êtes en relation filiale avec lui ? Que cette relation, informulable dans quelque mot que ce soit puisque les dépassant toujours, se sert pourtant de votre insignifiant discours pour se dire.

Si vous l'ignorez, le Père, lui, le sait. Et il vous écoute avec un merveilleux sourire. Vous pouvez lui raconter deux fois et trois fois, il vous écoutera toujours. Et ce sera, pour lui, toujours neuf. Chaque fois, ce sera pour lui une découverte. Non. Davantage. Un émerveillement : son enfant lui parle.

Un dernier exemple. Vous avez sûrement déjà vécu quelque chose de semblable. Un de vos amis a eu un accident de voiture il y a quelques jours à peine : capotage et tout ce qui s'en suit, fortes émotions, mais heureusement pas de blessures graves.

Voici que cet ami vient vous voir. Comme c'est la première fois depuis le fameux accident, vous êtes sensé ne rien savoir encore. Or, il se trouve que vous avez un ami commun qui vous a déjà raconté le tout par le menu détail. Mais vous jouez le jeu, vous faites comme si de rien n'était, et vous lui laissez tout vous raconter.

Quel est le pourquoi de votre feinte ? Vulgaire tromperie ? Certes non. Pas question de vous accuser d'hypocrisie non plus, puisque je sais bien que votre attitude est du ressort de la meilleure amitié de votre part. Flatterie ou double jeu, alors ?

Rien de tout cela. Instinctivement, et par estime pour votre ami, vous lui avez donné une occasion, non seulement de relater à nouveau les faits, mais de revivre l'avalanche de palpitations qui y sont rattachées. De les revivre *devant* vous et *avec* vous, en le laissant vous les détailler. D'une certaine façon, vous lui avez permis de n'être plus seul dans cette aventure, mais d'avoir quelqu'un avec lui dans la voiture. Quelqu'un de cher qui est capable d'écouter et de sympathiser, capable de comprendre et de compatir. Puisque vous acceptez qu'il vous raconte.

Le Seigneur ne vous laisse-t-il pas raconter ? Ne vous donne-t-il pas constamment l'occasion de revivre devant lui et avec lui vos aventures petites et grandes ? Finalement, ne pourrait-on pas dire qu'il accepte, vous écoutant, d'être « avec vous dans la voiture » ?

Dans l'évangile de Matthieu, Jésus nous affirme que « le Père Céleste sait que vous avez besoin de tout cela » (*Mt* 6,23). Et pourtant, quelques versets plus loin, dans le même évangile : « Demandez... » (*Mt* 7,7) Illogique, apparemment : s'il sait, pourquoi faut-il encore demander ? À moins que le désir du Père soit, justement, de nous entendre. J'aurais envie de traduire : « Le Père sait déjà tout ce qui vous est arrivé... racontez... » Acceptons-nous de raconter ?...

Demandez, dit Jésus

Acceptons-nous même de demander ? Le Nouveau Testament et la Bible tout entière, parlant de la prière, ne mentionnent le plus souvent que la prière de demande. Pourtant, notre époque scientifique nous a appris que Dieu respecte les causes secondes. Il ne bousille pas les lois naturelles pour répondre à nos caprices chaque fois que nous le prions. L'enseignement biblique serait-il passé de mode ? Nous nous prenons pour des croyants adultes, pour qui la prière de demande n'est que l'enfance de la prière. Étape à dépasser au plus vite. N'aurait-on pas oublié cette loi de la psychologie qui dit « qu'une demande en cache une autre » ?

Un enfant qui sollicite sa maman pour lui attacher ses bottines, alors qu'avec un peu d'effort, il pourrait se tirer d'affaire lui-même, que demande-t-il, au fond, sinon que sa maman s'occupe un peu de lui ? Qu'elle attache ses lacets ou non, il obtiendra bien une petite caresse. Les psychologues ne nous disent-ils pas que « toute demande est d'abord demande d'amour » ?

Vous priez Dieu d'attacher vos bottines... voilà qu'il vous accorde sa présence. Dieu *ne donne pas* toujours, mais il *se donne* à chaque fois. Ce qui est bien davantage. Il ne peut faire autrement, c'est dans sa nature.

J'ai connu un enfant élevé à coups de taloches. En recevoir une était la seule relation qu'il avait avec ses parents. Rendu à l'école, il se comportait de manière à en « mériter » régulièrement. Il n'était satisfait que giflé, et souriait alors de contentement. Demander une taloche était la seule façon qu'il ait apprise de s'arranger pour qu'on s'occupe de lui. En ayant reçu une, il pouvait se dire : « Bravo, j'existe. »

Nous avons tous besoin d'estime, de reconnaissance et de considération. Pour obtenir tout cela, nous avons un truc : nous passons par la demande de quelque chose d'autre. Nous prétextons avoir besoin d'une chose que le sollicité pourrait bien nous accorder, à notre avis. Souvent sans nous en rendre compte, nous venons en fait mendier une petite dose d'attention. Et celle-ci, nous l'espérons, nous sera gratifiée lorsqu'on nous fournira l'objet demandé. Objet que nous semblons vouloir en premier, mais que nous ne désirons en réalité qu'en second.

Il y a une nouvelle arrivée dans votre immeuble ? Sa tête vous revient et vous aimeriez faire sa connaissance ? Vous cherchez comment vous y prendre ? Employez donc cette vieille tactique qui a fait ses preuves : allez lui emprunter quelque chose. Demandez-lui une tasse de sucre, tiens.

S'il arrivait qu'elle vous donne la tasse de sucre, puis vous referme la porte au nez sans même vous adresser la parole ? Vous avez pourtant obtenu ce que vous demandiez... Vous avez été « exaucé », il me semble...

Quand vous quémandez à Dieu quelque chose comme cette tasse de sucre, est-ce seulement du sucre que vous vous attendez à recevoir ? Si le Père céleste ne peut pas toujours vous donner le sucre, en revanche, il donne toujours « de bonnes choses à ceux qui le lui demandent » (*Mt* 7,11). Sans qu'ils aient conscience de l'avoir demandé ni de l'avoir reçu. Mais vous ne vous rendez pas compte que ce sont ces « bonnes choses-là » que vous demandiez.

À un ami proche ou à un intime, j'ose demander n'importe quoi, tout en acceptant d'avance que cela ne me sera pas toujours accordé. J'accepte de ne pas être exaucé, facilement même, puisque nous nous connaissons. Mais je n'accepterais pas de n'être ni accueilli ni écouté.

Dieu connaît notre façon de fonctionner. Il sait que nous demandons plus, et tout autre chose, que ce que nous semblons demander. Car il sait que ce que nous désirons est au-delà des mots, mais que nous sommes bien obligés de nous servir des mots pour formuler notre requête. Il sait. Il nous accorde donc toujours ce que nous *désirons* (sans savoir le lui demander), ne pouvant nous donner à chaque fois ce que nous *demandons* (par défaut de savoir exprimer ce que nous désirons). C'est pourquoi nos suppliques doivent creuser le fond de notre cœur pour en déterrer ce désir ignoré de nous-mêmes.

Toujours concernant la pertinence de la prière de demande, j'irais plus loin encore. Dans bien des milieux croyants, au cours des dernières décennies, on se plaît à dire que l'action de grâce et la louange seraient des formes de prière supérieures à la demande. Elles seraient plus désintéressées et plus gratuites. Voire plus dignes de nous et de la majesté de Dieu.

Je confesse avoir longtemps pensé de la sorte. Mais plus j'y réfléchis, moins je suis d'accord. Et cela précisément à cause de ce qu'est notre Dieu : une personne. Et aussi à cause de ce qu'est notre lien avec lui : une relation interpersonnelle. On peut louer l'Énergie cosmique ou rendre grâce à un « dieu » de ce type. Mais on ne peut adresser une demande qu'à un Dieu personnel. Un Dieu qui écoute. Qui aime. Qui répond.

Jésus savait ce qu'il faisait quand il nous exhortait à demander. Il savait qu'à force de demander, nous finirions par faire confiance. C'était là son objectif. Qu'une fois que nous faisons confiance, nous sachions demander. Savoir demander, ce n'est pas le harceler pour obtenir des bagatelles, mais finir par solliciter de lui ce qu'il veut que nous désirions vraiment : le posséder, lui. Et son amour. Et lui devenir semblable pour toujours.

Rien ne nous est absolument indispensable, excepté d'être aimé de Dieu.

> Nous avons besoin de toi, de toi seul et de nul autre. [...] Tous ont besoin de toi, même ceux qui l'ignorent ; bien plus ceux qui l'ignorent que ceux qui le savent. L'affamé croit chercher du pain et il a faim de toi ; l'altéré s'imagine qu'il veut de l'eau et il a soif de toi ; le malade a l'illusion de désirer la santé et son mal est l'absence de toi. Qui en ce monde cherche le beau te cherche toi, sans le savoir, toi qui es la beauté entière et parfaite ; celui qui dans ses pensées poursuit le vrai te poursuit toi qui es l'unique vérité digne d'être connue ; et celui qui tend les bras vers la paix les tend vers toi qui es la seule paix où puissent reposer les cœurs. Ils t'appellent sans savoir qu'ils t'appellent[19].

19. Giovanni PAPINI, *Histoire du Christ,* Paris, Payot, 1925, p. 445.

Avons-nous déjà pris conscience de cela ? Ce que Dieu veut que nous demandions, c'est Dieu lui-même ?

« Le fou prie pour obtenir ce qu'il désire, le sage prie pour désirer ce qu'il obtient. » Un beau proverbe oriental. Jésus ne le connaissait pas, mais il aurait été de son goût... « Ne rabâchez pas comme les païens... le Père sait ce dont vous avez besoin... de bonnes choses... »

Soyez simple et vrai

Comme la prière dont il est ici question est un cœur à cœur, ne cherchez pas à faire long — ou à faire court — mais à être vrai. Sachez éviter les grandes formules, qui, au fond, n'expriment pas ce que vous ressentez vraiment.

— Seigneur, je vous aime plus que tout ; prenez mon cœur, il est tout à vous...

— Sans blague...

Certains jours, la vérité consistera à dire : « Seigneur, je t'aime » ; et à dire, d'autres jours : « Seigneur, je ne t'aime pas. »

Au siècle dernier, on priait avec des enflures verbales du genre : « Seigneur, je m'offre à vous, tout entier, en sacrifice expiatoire et en hostie vivante, en réparation des sacrilèges et des blasphèmes... » Et ça s'en allait comme ça... Heureusement que Dieu ne nous exauçait pas...

Ne dites pas : « Seigneur, donnez-moi l'humilité », si, en fait, vous ne voulez nullement la recevoir. En ce cas, dites plutôt : « Seigneur, je ne veux pas réellement être humble, mais je sais que j'ai besoin de le devenir ; faites que je puisse le désirer. » Vous courez le risque que Dieu vous exauce.

Je considère même que cette dernière est une des prières les plus dangereuses qui soit : elle rejoint ce que Dieu veut pour nous et il ne pourra résister très longtemps à la tentation de nous infliger ce que nous sollicitons. Et nous serions bien mal pris... Contrairement aux deux précédentes qui, malgré leur air apeurant, ne sauraient avoir d'autre effet que de le faire pouffer de rire au milieu des nuages. « Ne rabâchez pas comme les païens ; ils s'imaginent que c'est à force de paroles... » (*Mt* 6,7)

Avouons que ce doit parfois être à mourir de rire de nous entendre dire des choses sublimes : « Seigneur je vous aime par-dessus toute chose... Je crois fermement tout ce que la Sainte Église croit et enseigne... »

Dites plutôt : « Seigneur, je crois, mais viens en aide à mon incrédulité. » Ou encore : « Je suis aveugle, fais que je voie. Je suis sourd, fais que j'entende. Je suis lépreux, purifie-moi de mon mal. » Ce sera plus proche de l'Évangile.

Allez devant lui et dites-lui : « Seigneur, je m'excuse, mais tu m'ennuies. Seigneur, je viens te rencontrer. Mais je t'avertis tout de suite : je ne resterai pas longtemps. Si tu ne fais rien pour me retenir, dans deux minutes je serai reparti. Tu vois, je viens tout juste d'arriver et voilà que je commence déjà à m'ennuyer. Je te l'avais bien dit. D'ailleurs, il me semble, tout à coup, que j'ai un tas de choses à faire... Alors fais que je reste. Garde-moi un peu. Apprends-moi à prier. »

Dites vos sentiments

Le progrès dans l'intimité avec Dieu passera par le souci de lui exposer vos émotions, vos réactions, vos sentiments en profondeur. Ne restez pas en surface, plongez au creux de vous-même, et ce que vous découvrez là, tâchez de le lui exposer. L'important ce n'est pas l'ordonnance des mots ou des idées, mais l'intensité que vous y mettez. Il faut que les lèvres rejoignent le cœur pour que chaque parole soit une parole vécue, vivante.

Plus on est intime avec quelqu'un, plus on lui confie non pas les faits seulement, mais nos *sentiments devant les faits.*

Les relations stables, comme le mariage, se construisent sur le partage de ses sentiments intimes. Quand un des partenaires, à cause d'un blocage affectif quelconque, éprouve de la difficulté à communiquer en ce domaine, il lui faut parfois recourir à une aide extérieure pour la surmonter.

Livrez au Seigneur non seulement les événements de la journée, mais surtout ce que vous *ressentez* devant ces événements : peur, joie, inquiétude et énervement, lassitude ou action de grâce. Ne dites pas : « Seigneur, aidez-moi, j'ai un rapport à remettre à mon patron demain. » Dites-lui : « Seigneur, je me sens anxieux et déprimé dans cette histoire de rapport, donnez-moi la sérénité. »

« Descendre l'intellect dans le cœur », nous disent les starets[20] orientaux. Qu'est-ce à dire ? Ne pensez *pas* à vos projets, soucis ou tracas comme tels. Occupez votre intellect avec ce que *vous ressentez,* vous descendrez ainsi dans votre cœur. Là, exprimez-le tout à Dieu. Confiez-le lui. Puis, *répétez-le.* Dites-lui que vous l'aimez, ou que vous voudriez l'aimer. Encore et encore. Demeurez dans votre cœur. Respectez ces courts *intervalles de silence* qui surviennent entre vos phrases. Laissez vos émotions résonner dans ces petits silences. *Rendez-vous de plus en plus attentif à eux.* Apprivoisez-les peu à peu...

On sait peu de choses sur ce que disait Jésus à son Père quand il priait, mais les quelques échantillons que nous avons sont plus que révélateurs. « Jésus exulta de joie [...] et dit : Père je te loue... » (*Lc* 10,21) « Il commença à ressentir tristesse et angoisse [...] il

20. Dans les Églises orthodoxes, un starets est un père spirituel (le plus souvent un moine) apte à diriger les débutants dans les chemins de l'expérience spirituelle.

priait, disant: "Mon Père, s'il est possible..." » (*Mt* 26,37-39) L'émotion est d'une rare intensité, avouons-le.

En ce sens, les psaumes sont d'indépassables chefs-d'œuvre. C'est un fait notable que le psalmiste ne nous informe que rarement sur les circonstances précises de la détresse qui est à l'origine de sa complainte. Parfois on devine qu'il s'agit d'une maladie[21], ou d'une souffrance morale[22]. Ailleurs il affirme être accablé sous de fausses accusations[23], ou entouré d'ennemis[24]. Mais si vous êtes avide de détails, il vous faudra recourir à votre imagination. C'est du pareil au même quand il entonne un chant de remerciement : s'il clame tout haut que Dieu l'a délivré, allez savoir de quoi... Ici, il semble que ce soit de la mort[25], là, ce serait plutôt de ses accusateurs, mis en déroute[26]. Ailleurs enfin, même pas moyen de savoir[27]. Si on n'a guère de détails en ce qui concerne les circonstances, (ce qui, soit dit en passant, permet à chacun de faire sien un texte si éloigné de lui par le temps et la culture), en revanche, quels cris, quelles plaintes et quelles jubilations ! Des émotions quasi à l'état pur. On y passe d'un extrême à l'autre : de la révolte à l'action de grâce, de l'inquiétude à l'adoration, du repentir à la joie. Même les passions humaines les plus inavouées y sont déballées au grand jour.

21. *Ps* 37,6-9 ou 41,5-9, par exemple.

22. Comme le péché dans le psaume 51, le *Miserere*, ou le psaume 130, *De profundis*.

23. *Ps* 69,5 ; 3,1.

24. *Ps* 43,1-3 ; 42,10 ; 56,2-8 ; 57,2-7.

25. *Ps* 29,4.

26. *Ps* 30, 9-14.

27. *Ps* 34. Une seule exception qui ne fait que confirmer la règle, le psaume 107 où quatre classes d'éprouvés-sauvés sont convoquées successivement à la barre des témoins pour rendre grâce.

Soyez authentique

Parlant de ces « passions inavouables », vous sentez-vous capable, comme le psalmiste, de les proclamer à la face du Seigneur ? Pouvez-vous le considérer comme l'Ami, l'Époux, l'Intime devant qui vous pouvez vous vider le cœur ? Et oserez-vous l'accuser d'être l'Ami qui semble vous avoir abandonné, l'Époux qui aurait trahi, l'Intime qui ne répond plus ? Je pense ici à tout ce qui est rancœur ou ressentiment envers Dieu, sentiment d'injustice de sa part à votre égard, voire même colère envers lui parce que vous le considérez comme responsable de ce qui vous arrive.

> J'utilise toute la gamme de mon vocabulaire habituel, (répond quelqu'un à la question : « Avez-vous des mots favoris ? », lors d'une enquête sur la prière). Cela va du merci le plus chaleureux... au mot de Cambronne... qui m'échappe parfois, même lorsque je prie[28].

Beaucoup de croyants n'osent pas. Ils sont pleins d'animosité envers Dieu tout au long de la journée, mais lorsqu'ils se mettent en prière, le soir, ils posent un masque d'une pieuse neutralité sur leur visage, parce que, se disent-ils :

— On ne peut pas dire de telles choses au Seigneur.

— Justement, si.

— Je suis en prière, il faut que j'aie de bonnes dispositions.

— En fait, vous n'en avez pas. Celles que vous prétendez avoir ne sont pas vraiment vôtres.

— Ce sont celles que je voudrais avoir et que je lui demande de m'accorder.

— En attendant, ce n'est pas vous qui priez. C'est le personnage que vous pensez devoir être.

28. *Fêtes et saisons*, n° 326, juin-juillet 1978, p. 24.

Il faut une certaine audace pour dire à Dieu qu'on lui en veut. Si cela peut vous rassurer, dites-vous que, depuis le temps de Job, il est capable d'en prendre. Il ne s'agit pas de manquer de respect envers le Très-Haut, mais de prouver que vous vivez suffisamment en intimité avec lui pour ne pas chercher à lui cacher quoi que ce soit. De toute façon, essayer de lui cacher quelque chose...

> Un jour où j'étais très déçu de ne pas recevoir une chose ardemment désirée, j'en ai voulu à Dieu. Je lui en ai tellement voulu que j'ai refusé de lui parler et de prier pendant deux journées entières. C'était puéril me direz-vous. Mais c'était très efficace. Au fond de mon cœur, je savais que je pouvais faire suffisamment confiance à Dieu pour lui exprimer mon ressentiment, comme j'ai l'habitude de le faire avec mes amis. Je ne crains pas d'exprimer mes sentiments négatifs à ces derniers parce que je sais qu'ils m'aiment assez pour comprendre[29].

Ne soyez pas inquiet à cause de la violence de votre langage. Se sentir obligé de dissimuler ces sentiments négatifs serait beaucoup plus inquiétant, car alors ce serait un signe que vous ne pouvez traiter Dieu autrement qu'avec politesse, « comme on traite des connaissances plutôt que des amis intimes[30] ». Une causette insignifiante dans un langage convenable.

Ce n'est qu'en les exprimant, et non en les refoulant, que vous pourrez vous débarrasser peu à peu de ces sentiments. Lui ne s'en formalisera pas, rassurez-vous. Encore une fois, il n'apprendra rien. Il y verra même une marque de confiance de votre part : quand on est capable d'exprimer (j'allais dire « sereinement » disons plutôt « honnêtement ») sa colère à une autre personne,

29. Anthony DE MELLO, *Allez vers Dieu*, Montréal/Paris, Bellarmin/Desclée de Brouwer, 1997, p. 91.

30. *Ibid.*, p. 91.

n'est-ce pas le signe que l'on est à l'aise avec elle ? Non pas quand on perd le contrôle de soi, ce qui est autre chose, mais quand on est capable de lui faire part de l'émotion ressentie. Si on n'a avec elle qu'une relation superficielle, fragile et incertaine, on n'osera prendre le risque de lui montrer librement son ressentiment, de peur de perdre son peu d'amitié. Si on est sûr de sa bienveillance à notre égard et de la solidité de notre lien mutuel, on aura l'audace et l'honnêteté de lui dire qu'on lui en veut. « Le contraire de l'amour n'est pas la colère, ni même la haine, c'est la froideur et l'indifférence[31]. »

Je suis persuadé que le Seigneur, à qui rien n'est caché, préfère vous voir auprès de lui furieux, mais honnête, plutôt que plein de révérence, mais compassé et rongeant votre frein à distance. Pensez aux amis de Job, encore une fois.

Sachez qu'il vous répond, même si...

Quand je m'adresse à des gens qui en sont à leurs premiers pas dans la prière, j'ai tendance à les mettre en garde contre certaines expressions qui peuvent prêter à confusion lorsqu'il s'agit de définir notre relation à Dieu. Par exemple, « entretien avec Dieu », « conversation avec le Seigneur » ou, plus audacieusement, « dialogue ». Je les emploie moi-même, bien sûr, puisque je ne peux faire autrement, sachant que les habitués de la prière feront les corrections nécessaires. Mais un mot comme « dialogue », appliqué à notre relation avec Dieu, laisserait sous-entendre qu'il nous répond sur le même ton que nous lui parlons. Ce qui est quand même un peu illusoire.

Je n'insisterais pas sur ce point, tellement il est évident, si je ne rencontrais quelquefois des croyants qui, voulant ardemment

31. *Ibid.*, p. 92.

progresser dans leur cheminement vers Dieu, se plaignent que, dans leurs prières, ils « ne font que parler, et ne savent pas écouter ». Ils ont l'impression que leur propre verbiage prend tellement de place que Dieu n'a guère de chance de se faire entendre.

Fort bien, jusqu'ici. « Écoute Israël », redisent cent fois les prophètes, après tout.

Ils ont alors pris la résolution d'essayer de se taire davantage pour « écouter » ce que le Seigneur pourrait bien vouloir leur dire.

J'acquiesce toujours.

Pour ce faire, ils interrompent leur monologue pour tendre l'oreille du mieux qu'ils peuvent... et sont déçus de ne rien entendre. Ou plutôt, ils entendent de tout. Dès qu'ils s'efforcent de faire un peu de silence, ce silence est envahi par des distractions et des fantasmagories de toutes sortes, des bruits, des chicanes et des discours. Cela provient de partout, sauf du ciel.

— Dieu ne veut donc pas parler ? Ou bien n'aurait-il rien à me dire ?

Puis vient obligatoirement la grande question :

— Qu'est-ce que je fais de pas correct ?

— Mais rien. Sauf que, normalement, Dieu ne nous parle pas de cette façon.

Reconnaissons d'abord que Dieu n'est pas bavard. Nous voulons bien croire que Dieu a parlé à Moïse, que des saints ont entendu « des voix » mais, nous les sans-grade, les sans-extase, n'est-ce pas une pieuse exagération de dire que Dieu nous parle ? N'est-ce pas... une manière de parler ?

Reconnaissons ensuite qu'il a probablement ses propres chemins pour se faire comprendre. Il n'a pas de lèvres, ni de gorge pour proférer quelque son qu'on pourrait « entendre ». Il doit donc s'y prendre autrement.

Reconnaissons enfin qu'il n'a qu'une seule chose à nous dire, c'est qu'il nous aime. Mais cette parole est trop riche, venant de lui, pour tenir en une phrase. Il nous la fera donc connaître d'une façon beaucoup plus mystérieuse.

Sa manière de se faire entendre passe par ce fameux cœur profond. « Vous me chercherez du fond de vous-mêmes et je me laisserai trouver par vous. » (*Jr* 29,13-14) À son sujet, Thérèse d'Avila n'écrivait-elle pas à ses carmélites : « Pensez-vous qu'il se taise, bien que nous ne l'entendions pas ? Non, certes. Il parle au cœur quand c'est le cœur qui le prie[32]. »

S'il parle au cœur, c'est donc logiquement le cœur qui devra se montrer attentif. On pourrait dire alors que la réponse de Dieu est plus « ressentie » qu'« entendue ». Ce qui ne veut pas dire que Dieu parle à nos humeurs, mais que sa réponse passe souvent, dans les débuts surtout, par ce que l'être humain éprouve quand il le prie. Si le cœur profond est une sorte d'« organisme spirituel », l'expérience enseigne que celui-ci est doté de « sens spirituels[33] ». C'est à ces sens spirituels que Dieu s'adresse et ce sont eux d'abord qui seront en mesure de le percevoir.

Ce n'est pas une voix qu'on pourrait entendre et qui viendrait d'ailleurs. C'est une présence qui se perçoit et qui se manifeste au-dedans.

S'il en est ainsi, Dieu s'adresserait à nous, non par nos sens extérieurs, mais en se rendant sensible au cœur éveillé. Sentiments

32. Sainte THÉRÈSE D'AVILA, *Le chemin de la perfection*, *op. cit.*, p. 153.

33. Depuis les origines de l'expérience chrétienne, surtout depuis saint Augustin (qui disait : « présentez-moi un amant et il *sentira* ce que je dis »), on parle de l'âme comme ayant des sens, qui sont correspondants aux sens corporels, qui permettent de « voir » l'invisible présence de Dieu, de « goûter » son ineffable saveur, de « toucher » son impalpable action, de « respirer » son incomparable douceur. Donc d'« écouter » aussi son inaudible réponse. Cf. Karl RAHNER, « Les débuts d'une doctrine des cinq sens spirituels chez Origène », *Revue d'ascétique et de mystique*, n° 13, 1932, p. 113-145 ; « La doctrine des sens spirituels au Moyen Âge, en particulier chez S. Bonaventure » *RAM*, n° 14, 1933, p. 263-299.

de *douceur et de joie, de calme et de sérénité*, ce sont là les éléments de sa « réponse ». « C'est en souveraine paix et en profonde tranquillité que l'âme doit prêter l'oreille à ce que Dieu dit en elle. [...] Ce sont des paroles de paix que Dieu prononce[34]. »

À celui qui n'en a point l'expérience, cela peut sembler complètement farfelu, aussi incompréhensible que la saveur d'une pomme pour celui qui n'en a jamais croqué une. Des traités entiers ne suffiraient pas pour en avoir une idée juste : seule la dégustation du fruit permettra de le savoir. Mais celui qui a déjà goûté un tant soit peu (tiens, un des cinq sens, comme par hasard) la présence de Dieu s'y reconnaîtra.

Le problème, ce n'est pas que Dieu soit silencieux, mais que nous, *nous soyons sourds*. Nous sommes constamment à la surface de nous-mêmes. Nous nous perdons en balivernes. Nous cultivons nos mirages superficiels. Mais celui dont le cœur s'est allumé par une amoureuse conversation avec l'Époux finit par percevoir à quelle profondeur il peut écouter et entendre.

> Mes compliments pour votre heureux retour chez vous ! Après une absence, la maison est un paradis. Tout le monde ressent cela de la même façon. Nous éprouvons exactement la même chose quand, après une distraction, nous revenons à l'attention et à la vie intérieure. Quand nous sommes dans le cœur, nous sommes chez nous ; quand nous n'y sommes pas, nous sommes sans domicile. Et c'est de cela, avant tout, que nous devons nous préoccuper[35].

34. Saint Jean de la Croix, *La vive flamme d'amour*, dans *Œuvres complètes*, tome VI, Paris, Cerf, 1984, p. 193.

35. Théophane le Reclus, cité dans Higoumène Chariton de Valamo, *L'art de la prière*, Abbaye de Bellefontaine 1976, p. 264.

Le mécanisme à l'œuvre est assez simple à concevoir. Si, comme on l'a vu, vous avez prié Dieu avec les sentiments de votre cœur, lui exposant ce qui vous habite au niveau affectif le plus profond possible, peu à peu, votre capacité de percevoir se polarisera à ce même niveau. C'est à ce niveau que vous vous centrerez. C'est là que votre conscience se situera. Or, c'est là aussi que Dieu vous « parle ». Vous serez tous deux sur la même longueur d'ondes.

À l'inverse, si vous faites comme la fiancée qui se contente d'échanger avec son prétendant uniquement sur la couleur de la tapisserie à poser dans la chambre à coucher, n'espérez pas trop... Si vous priez Dieu en lui parlant philosophie et métaphysique (passionnant, n'est-ce pas...), il n'aura rien à vous répondre puisque ce qu'il voudrait vous communiquer concerne votre vécu intérieur. Et si jamais, il essaie de le faire, votre centre affectif, ses sens spirituels éteints, inactif, n'entendra rien, puisque vous êtes tout concentré dans votre matière grise.

Retournez à votre cœur

C'est là un thème essentiel pour la Bible, qui sera repris continuellement dans la tradition monastique, particulièrement cistercienne. Le conseil de « retourner au cœur » est celui qui est inlassablement répété par les anciens aux novices. Inlassablement enseigné aussi, par les maîtres spirituels des Églises orientales, à tous ceux qui veulent apprendre à prier. Ne parlent-ils pas de prière du *cœur*?

> Rassemblez-vous en vous-même et tâchez de ne pas quitter le cœur, car le Seigneur s'y trouve. Essayez d'y arriver, travaillez-y. Quand vous aurez atteint cet état, vous comprendrez combien il est précieux[36].

36. THÉOPHANE LE RECLUS, cité dans Higoumène CHARITON DE VALAMO, *op. cit.*, p. 267.

Si vous cherchez à vous approcher de Dieu pour entrer en relation avec lui, vous ne saurez pas tout de suite *comment* et *où* devra se faire cette rencontre. Après les premiers tâtonnements, souvent infructueux, il se produira un approfondissement progressif. Un aspect important de ce mûrissement consistera dans la découverte — ou le pressentiment seulement — de l'organe intérieur qui vous permet d'entrer en contact avec Dieu. Le jour où vous réussirez à vous enfoncer jusque-là, il vous sera facile de faire le dernier pas jusqu'à l'Hôte Intérieur. Il sera là, à « un jet de *prière* de distance », si vous me permettez l'expression.

> Nous vivons alors un paradoxe étonnant : c'est en entrant au plus profond de nous-mêmes que nous sortons le plus sûrement de nous ! En effet, pénétrer dans les cavernes du cœur, c'est s'aventurer au-delà même du moi superficiel, dans la chambre secrète, le Saint des Saints, la tente de réunion où s'effectue la rencontre ineffable avec notre Bien-Aimé. Dans ce cas, comme le dit saint Augustin, « entrer, c'est sortir, monter, c'est descendre[37] ».

Pour quelqu'un qui n'a pas encore de familiarité avec cette zone de lui-même, la meilleure voie pour s'en approcher, c'est celle de *l'affectivité*. Non pas la sensibilité toute superficielle, mais l'élan amoureux profond. « Dites vos sentiments », « exposez devant lui vos vraies émotions », « demandez jusqu'à rejoindre vos désirs enfouis »... Pourquoi tant d'insistance de ma part sur la dimension affective de votre conversation avec Dieu, sinon pour creuser jusqu'au centre de votre cœur ? sinon pour vous rendre jusqu'au siège de vos émotions qui en est l'antichambre ? « Où est le cœur ? Là où vous ressentez tristesse, joie, colère et les autres émotions. Restez

37. Daniel MAURIN, *L'oraison du cœur. Un chemin vers Dieu,* Paris/Fribourg, Éditions Saint-Paul, 1993, p. 142.

là avec attention. [...] Demeurez dans le cœur, croyant fermement que Dieu y est aussi[38]. »

Écoutez le silence

Vous voici donc descendu dans le cœur. Vous y êtes parvenu en suivant, à rebours, les sentiments qui en sortaient, comme un fil d'Ariane. C'est le premier pas.

« Portez attention au silence qui se forme entre vos phrases », ai-je dit ensuite. Pourquoi ? Ce court intervalle de silence résonne encore de l'émotion que vous venez d'exprimer, n'est-ce pas ? L'élan sensible ne se répercute-t-il pas encore au-dedans, même si l'énonciation en était terminée ? Donc, *vous êtes dans votre cœur profond,* mais *sans parler. À l'écoute seulement.* Vous êtes au centre de vous-même, et capable « d'écouter » ce qui y résonne en écho. Encore un pas de fait...

Or, comme nous l'avons vu, le contenu du cœur dépasse le contenu des mots qui tentent de le traduire au cours de nos conversations. La troisième étape consiste donc à prendre conscience qu'il s'y trouve un message qui, tout en ne pouvant être dit, est quand même communiqué. Nous l'avons constaté en prenant comme exemples les contacts entre voisins, la relation père-fils et les rapports d'amitié. Un surplus de sens circule entre les interlocuteurs, est saisi des deux côtés, mais n'est ni émis ni perçu sous forme de mots. Un non-dit, certes, mais combien expressif !

L'échange amoureux en est le type achevé, étant composé presque exclusivement de ce surplus de sens. Tout amoureux le constate : il ne parviendra jamais à « dire » ; plus il s'y essaie, moins il y parvient.

38. Théophane le Reclus, cité par Higoumène Chariton de Valamo, *op. cit.*, p. 262.

Et maintenant, la prière dans tout cela ? Mais, bonté divine... la prière aussi est échange amoureux... Elle a donc son expression parfaite dans ce silence parlant... Elle se dit à travers le langage, car elle ne peut faire autrement, mais n'en fait pas partie. Elle le dépasse toujours.

Voici que, de votre côté à vous, vous voulez lui faire connaître votre amour. Mais les mots se dérobent et il n'y a que le « silence entre » qui puisse tenter de « dire ». Il n'y a que lui qui pourrait réussir à divulguer votre amour pour Dieu. Je vous encourageais, tout à l'heure, à lui exposer votre vécu, mais *surtout* à lui répéter que vous l'aimiez (ou à tout le moins que vous le vouliez). Pourquoi cela ? Parce que le langage de l'amour étant celui qui suscite le plus un surplus de sens, c'est lui qui sera le plus susceptible de faire naître le silence recherché.

De son côté, « Dieu n'a rien d'autre à dire que son amour pour vous », avons-nous dit. Or si l'amour se laisse parfois « entendre » dans des paroles, il se laisse surtout « pressentir » au-delà d'elles.

De plus, comme Dieu parle sans émettre de sons, il ne peut logiquement se faire entendre que dans ce silence-plein qui parfois se forme entre vos phrases. C'est pourquoi nous avons bien dit, ce me semble, que c'est dans le fond du cœur que Dieu se laisse percevoir, car ce n'est que là que le silence devient « habité ». Et le bouquet, c'est que, maintenant, vous y êtes « à l'écoute », apte « à percevoir », puisque vous-même avez cessé de parler pour quelques fractions de secondes, pour vous rendre attentif à ce qui résonne au-dedans.

Voilà donc qu'en apparence ce cœur profond semblait en silence par intervalles, comme nous croyions pouvoir le constater, mais en réalité ce silence est tout habité, par les échos de vos propres soupirs d'abord, par les déclarations amoureuses venant du Bien-Aimé ensuite. Le « cœur profond » devient un « cœur mystique ».

Finalement, un dernier pas. Ce surplus émotif, toujours présent dès que nous communiquons avec autrui, n'est habituellement que de densité médiocre. Mais il peut s'amplifier à l'extrême en certaines expériences-sommets. L'indicible devient alors la part la plus importante de la communication. Pensez à Coretta King encore une fois. L'échange devient communion au-delà des mots.

Ça y est ! Nous avons trouvé : c'est cela la prière contemplative ! L'enjeu de celle-ci consiste donc à élargir ce silence avec le Bien-Aimé de plus en plus, à essayer de l'étirer dans le temps au-delà des quelques secondes qu'il occupe habituellement, à lui donner densité et profondeur.

Élargir ce silence représente un défi suffisamment important pour que nous y consacrions les trois prochains chapitres.

3

... Lui murmurer un mot

« L'amour n'a qu'un mot, et en le disant toujours, il ne le répète jamais[39]. »

LACORDAIRE

Le soleil couchant illumine ce soir d'été. L'air n'est pas tout à fait frais, mais il n'a plus cette moiteur pesante qui le caractérisait il y a encore quelques jours.

Hector et Amélie se bercent sur la galerie, profitant des dernières soirées qui précèdent l'automne qu'une feuille ou l'autre annonce déjà dans l'érable de la cour. Lui a apporté sa canne, elle, son éternelle chape brodée. C'est qu'ils sont tous deux entrés dans cette étape de la vie où on peut se permettre d'étonner la visite en faisant deviner son âge.

39. LACORDAIRE, *Vie de Saint Dominique,* chapitre VI.

— Et presque neuf mois... est-il précisé.

Mais quand ils sont seuls, comme actuellement, il y a entre eux un silence qui dure, sans jamais peser.

— T'as pas froid toujours... ? s'enquiert Hector, tout doucement, sans en avoir l'air, entre deux cris d'oiseaux.

« T'as pas froid toujours ? » Pourrait-il trouver plus banal ? Rien à dire de plus aimable, de plus ardent, après tant d'années ?

Cependant, ce que nous ne savons pas, c'est qu'Amélie a toujours été un peu frileuse, même si elle ne veut pas l'avouer. Elle l'avouera d'autant moins qu'elle sait que son petit vieux aime bien se bercer dehors. Mais, tout en préférant rester dehors encore quelque temps, Hector sait, lui, que sa vieille est un peu frileuse, et que, peut-être, elle préférerait rentrer. Mais elle ne le demandera pas d'elle-même. Cela il le sait aussi. Amélie, elle, sait bien que son vieux sait qu'elle est frileuse. À son tour, le vieux Hector sait bien que sa vielle sait qu'il sait qu'elle est frileuse. Et la bonne vieille sait que son petit vieux sait que...

« T'as pas froid toujours ? » D'archi-banale qu'elle était, l'expression prend tout son sens. Cinquante années de vie commune, cinquante années de connaissance mutuelle et d'attention à l'autre. Toute une vie de tendresse réciproque. Tout cela résumé, condensé en quatre mots. Quatre mots qui veulent tout dire, c'est à s'y méprendre. Un petit bout de phrase de rien du tout qui exprime tant de choses. Qui résume tout un amour.

Un ou deux mots où tout est dit

Les premières étapes de la prière sont marquées par une certaine prolixité. Vos attitudes spirituelles sont diverses et vos paroles abondantes. Puis se met en place une inévitable simplification. Vous passez progressivement de l'étalage d'une multitude de sentiments devant Dieu (foi, confiance, espérance, abandon, amour), à une attitude plus globale. Beaucoup plus simple. Votre vie avec Dieu, qui jusqu'ici miroitait de toutes sortes de facettes, devient de plus en plus simple et unifiée.

Personnellement, après quelques années passées au monastère, chaque fois que je réussissais à avoir une attitude priante d'une certaine profondeur, je me suis rendu compte que c'était toujours globalement la même attitude spirituelle qui m'animait. Avec quelques variantes parfois.

Ce n'est pas un appauvrissement. Au contraire. C'est même un charisme chez tout grand spirituel. Saint Augustin aurait pu résumer sa quête, pourtant riche et complexe, par « Amour du Beau et du Vrai » et il aurait tout dit. Saint François d'Assise, par « Épouser Dame Pauvreté ». Saint Bernard de Clairvaux, par « Amour de l'Époux ». Et sainte Thérèse de Lisieux, par « La Petite Voie de la Confiance ». Et chacun, ainsi faisant, tenait quand même l'Évangile en son entier, comme quand on tient un coin d'une nappe de table et qu'on tire fermement dessus. On ne tire qu'un coin, mais c'est quand même toute la nappe qui suit et tout ce qu'il y a dessus.

Sainte Agnès, la petite martyre romaine qui n'était âgée que de douze ans, ne répondait à ses bourreaux que deux mots : « *Amo Christum* ». *Amo Christum* : J'aime le Christ. Tout son christianisme se résumait à cette exclamation.

Découvrez votre propre attitude spirituelle. Exprimez-la dans une petite formule qui la résume. Qui exprime ce que vous *vivez* avec Dieu quand vous priez. Un bout de psaume, deux mots de l'Évangile. Une formule qui ramasse tout ce que vous avez le goût de lui dire. Non, davantage : tout ce que vous avez le goût d'être, le goût de devenir devant lui. Qu'est-ce que je voudrais être pour lui ? Qu'est-ce que je voudrais que Dieu devienne pour moi ? ...Dit en deux mots.

Mot pour soutenir la prière

Le moment que vous vous êtes fixé pour la rencontre de Dieu dans la prière est arrivé. Vous vous retirez un peu à l'écart, dans un coin tranquille, et, pourquoi pas, aménagé à cet effet. Vous vous mettez à genoux, ou vous vous assoyez sur vos talons, sur une chaise, un coussin ou encore un petit banc de prière, peu importe. Si vous n'êtes pas encore suffisamment relaxé, apaisez tout d'abord votre respiration.

Puis, dès le départ, répétez votre petite formule, à chaque expiration, de façon calme et posée. Expirez doucement en la murmurant, et, pendant l'inspiration qui suit, laissez-la résonner au-dedans de vous. Le tout bien paisiblement, sans trop penser à votre respiration. Laissez-vous porter par le contenu de ce que vous dites. Faites cela dix, douze, quinze fois, jusqu'au moment où vous vous sentirez, un peu, en présence de Dieu.

Cette répétition initiale, lente mais continue, épousant le rythme de l'expiration, a un double objectif. Premièrement, elle doit vous aider à accomplir, mais au niveau mental cette fois, ce que vous avez déjà cherché à faire au plan physique en vous retirant de votre quotidien : opérer une rupture d'avec vos occupations antérieures. Mettre ce que vous étiez en train de faire de côté afin de pouvoir faire quelque chose d'autre. Changer le cours de vos préoccupations et le déroulement de vos pensées. Et, en second lieu, vous mettre en présence du Très-Haut. C'est-à-dire que, pour un temps déterminé, vous vous efforcerez de ne vous occuper que de lui en vous adressant à lui au moyen de votre petite formule.

Une fois cette transition faite, une fois sa présence pressentie, vous pouvez cesser la répétition, vous n'en avez plus besoin. Elle devient superflue puisque votre objectif est atteint : le rencontrer. Votre formule n'est, au fond, qu'une flèche que vous n'avez lancée plusieurs fois que dans un but précis : permettre une rencontre avec Dieu. Ce but atteint, relancer la flèche à nouveau équivaudrait à de l'agitation inutile. Demeurez dans ce silence où Dieu se laisse appréhender. Ne bougez pas, ne faites rien, restez dans son rayonnement, goûtez sa présence.

> Tout au plus, de temps en temps, une douce parole, comme on souffle légèrement sur une chandelle qui vient de s'éteindre, pour la rallumer ; mais, si elle flambait, cela ne servirait qu'à l'éteindre, ce me semble. J'insiste, le souffle doit être léger pour éviter que la volonté ne s'occupe avec l'entendement à rechercher d'abondantes paroles[40].

La petite formule, si elle est murmurée avec attention et sincérité, sera suivie d'une certaine *résonance intérieure*. Immédiatement après la parole, sans que vous la repreniez, celle-ci continue de résonner au-dedans de vous, comme un écho dans un corridor. Ou comme un accord d'orgue qui, même une fois que les doigts du musicien ont quitté le clavier, continue de retentir, en decrescendo, dans les arcades de la voûte cathédrale. Laissez votre petit mot réverbérer au-dedans, aussi longtemps que possible. C'est là, dans ce silence encore sonore, que réside la prière la plus pure.

Ce silence habité, sans répétition aucune, chez des gens ordinaires comme vous et moi, durera en moyenne de deux à trois secondes, calculées montre en main. Si vous êtes dans une phase de grande ferveur, cinq secondes. Si jamais vous êtes gratifié de dons exceptionnels de contemplation, ce qui est fort rare, dix secondes.

Habituellement, après deux ou trois secondes de « vide » dans l'intellect, une distraction quelconque va se présenter. Ce peut

40. Sainte THÉRÈSE D'AVILA, *Le chemin de la perfection,* dans *Œuvres complètes,* trad. Marcelle Auclair, Bruges, Desclée de Brouwer, 1964 p. 472.

être n'importe quelle divagation qui vient occuper l'espace vacant. Si vous la laissez entrer et s'installer, si vous vous mettez à dialoguer avec elle, vous ne pourrez plus vous en défaire. Du moins ce ne sera pas facile. Il vaut donc mieux la repousser *avant* qu'elle ne s'installe en vous. Comment ? En reprenant votre petite formule dès que vous la voyez venir. Une ou deux fois. Un simple rappel suffit, puisqu'il n'y a pas de véritable rupture à faire et que le sentiment de la présence de Dieu ne s'est pas encore totalement évanoui. Juste de quoi maintenir le cap. À nouveau ce silence aimant, pour deux secondes. Silence rapidement menacé par une distraction qu'il faudra à nouveau chasser à l'aide de deux ou trois répétitions. Et ainsi de suite, jusqu'à la fin du temps prévu.

Prenez l'image d'un oiseau de proie, posé sur une branche d'arbre. Dès son envol, pour prendre de la hauteur, il bat des ailes avec constance. C'est le départ de la prière et la répétition continue du début. Puis, parvenu à une certaine altitude, notre oiseau se fait quasi immobile, ailes largement déployées, porté par les courants d'air ascendants. C'est la petite pause où l'élan de l'amour vous supporte silencieusement. Si le moindrement il perd de la hauteur, deux ou trois battements d'ailes suffiront à le rehausser au bon niveau. Comme une distraction qui tend à vous rabaisser : une ou deux répétitions suffiront pour remonter.

L'objectif, pas toujours atteint, loin de là, étant simplement *ce silence très calme et très paisible*, où rien ne semble se produire, mais où *Dieu se laisse deviner.*

Il sera parfois utile de terminer la séance de façon un peu plus formelle : une ou deux phrases de remerciement pour les grâces reçues ou de regret pour les négligences à être demeuré attentif.

Le mental et l'affectif

Que se passe-t-il lorsque nous prions ainsi[41] ? En simplifiant, on pourrait dire que l'être humain est divisé en deux zones. Il y a d'abord, en haut, la zone du rationnel, de la réflexion, de la pensée. Appelons-la le *mental.* Puis il y a, disons plus bas, la zone des humeurs, de la sensibilité et des émotions que nous appellerons l'*affectif.*

Il y a deux zones certes, mais étroitement reliées entre elles. Par exemple, si j'ai, dans mon *mental,* des idées agréables, de l'optimisme et de beaux projets, ces pensées positives seront de nature à me procurer, dans mon *affectif,* des émotions agréables comme le plaisir, la joie, la sérénité ou l'enthousiasme. À l'inverse, si, dans mon *mental,* je broie des idées noires, si j'ai des regrets ou des appréhensions, je ressentirai, dans mon *affectif,* des émotions désagréables telles que la tristesse, la culpabilité, la colère ou des sentiments dépressifs. En fin de compte, la *pensée* et l'*émotion* se conditionnent mutuellement. Ou plus exactement, nous *ressentons ce que nous pensons.*

L'amour, lui, développe ses harmoniques les plus intenses dans les couches les plus profondes de la zone de l'*affectif.* Dans le cœur profond. Il suffit que le *mental* pense à l'être aimé ; l'émotion

41. J'emprunte ici à la « psychologie cognitive », ou plus exactement à la « psychothérapie rationnelle émotive (rational-emotive therapy) » de l'Américain Albert Ellis. L'idée que notre mode de pensée peut influencer profondément notre humeur a été énoncée par un certain nombre de philosophes au cours des 2500 dernières années. Plus récemment, la conception cognitive de nos émotions a été explorée dans les écrits de nombreux psychiatres et psychologues tels qu'Alfred Adler, Karen Horney, Arnold Lazarus et Aaron Beck pour n'en citer que quelques-uns. Pour l'histoire de ce mouvement, Albert Ellis, *Reason and Emotion in Psychotherapy,* New York, Lyle Stuart, 1962. Pour une vulgarisation accessible en français, Lucien Auger, *S'aider soi-même. Une psychothérapie par la raison,* Montréal, Éditions de l'Homme, 1974.

amoureuse suivra. Comme prier c'est aimer, il en ira de même pour la prière. Prier se fait avec l'*affectif* d'abord, et de préférence dans ses couches profondes.

Or, spontanément, nous plaçons presque toujours la prière dans le *mental*. Prier, c'est faire un discours à Dieu, nous disons-nous, un discours rationnel, bien charpenté et bien organisé.

— Est-ce que je fais trop de demandes ? Est-ce que je fais assez de prières d'action de grâce ?

On se préoccupe du contenu intellectuel.

— J'ai plein de distractions, je ne peux pas prier.

Comprenez : « J'ai des *idées* qui m'envahissent qui sont sans rapport avec les *idées* que je pense devoir avoir dans une prière qui respecte les règles du genre. » Bref, prier ce serait avoir les idées qui conviennent, mais hélas, « j'ai toutes sortes d'*autres idées* qui me passent par la tête ».

Je concède que ce soit très embarrassant, mais est-on vraiment au fond du problème ? N'est-ce pas le cœur qui prie ? Pourtant si vous vous en plaignez à quelqu'un, que va-t-il invariablement vous donner comme conseil ?

— *Pensez* davantage à Dieu et à son amour pour vous. Chassez ces distractions impitoyablement. *Concentrez-vous*... Autrement dit : « Placez bien la prière dans votre tête. »

Si la prière se loge dans l'*affectif*, comme on l'a vu, une idée survenant dans le *mental* ne la perturbe pas comme telle, mais, en raison de la corrélation entre les deux zones, elle risque fort de venir occuper mon *affectif*. Alors, au diable la présence de Dieu. C'est là le problème de la distraction. Non pas qu'elle me « passe par la tête », mais qu'elle finisse par m'entrer dans le cœur.

Vous vous êtes mis en prière. La tranquille répétition vous a calmé et mis peu ou prou en présence de Dieu. Puis, presque inévitablement, surgit dans votre tête un quelconque projet qui vous tient à cœur, ou un souci d'ordre personnel ou professionnel qui vous tenaille depuis un certain temps. Vous aurez à faire preuve de grande détermination si vous ne voulez pas que les tourbillons émotionnels qui en résultent viennent perturber votre calme intérieur. Ce sera presque inévitable, toujours en raison de la corrélation entre les deux zones.

— La solution est très simple, me direz-vous, il suffirait d'empêcher la cocologie de fonctionner.

Illusion. Le *mental* fonctionne toujours ; impossible de l'arrêter. Il fonctionne même la nuit. Et même alors il influence mon *affectif*. En effet, quand j'ai de beaux rêves dans le premier, je me sens calme et serein dans le second, et, à l'inverse, quand je fais des cauchemars, je me réveille en sursaut, angoissé. J'aurai donc toujours, à mon corps défendant, des pensées qui me trottent dans la tête, et qui influenceront inévitablement mon vécu émotionnel.

Application à la méditation

La quasi-totalité des techniques de méditation se basent sur ce schéma psychologique. Prenons un cas très simple : celui de la méditation transcendantale. Que dit-on au méditant ?

> Vous vous assoyez de telle et telle manière, et on vous donne un *mantra* que vous devez répéter sans interruption. Vous devez repousser toute pensée étrangère à votre *mantra* et vous concentrer fermement sur lui. Dès qu'une distraction survient vous la chassez en répétant à nouveau votre *mantra* ; dès que vous vous rendez compte que vous êtes dispersé ou rendu ailleurs, vous revenez à votre *mantra*. Faites cela tout le temps de vos trente minutes de méditation.

Or le *mantra* qui est donné au méditant consiste en une formule qui est sans signification aucune, en une expression qui ne veut rien dire. Le plus souvent elle se compose d'un son à émettre ou une onomatopée censée rassembler tous les sons possibles, OOUHMM, par exemple. Que se passe-t-il alors ?

Le *mental* du méditant, à défaut de pouvoir être immobilisé complètement, est forcé de se fixer sur un objet sans contenu.

> Notre intellect a besoin d'être occupé à quelque chose. Notre entendement est comme la trompe de l'éléphant qui ouvre une procession le long d'une rue étroite encombrée d'échoppes de vendeurs. Si la trompe n'est pas occupée, elle explore d'un côté et de l'autre et fouille un peu partout. Mais il suffit de donner à l'éléphant quelque chose d'aussi simple qu'une tige de bambou à tenir avec sa trompe pour qu'il ouvre la voie, la trompe redressée et parfaitement stable. Nous ne pouvons nous attendre à ce que nos facultés intellectuelles restent tranquilles ; il est dans leur nature d'être en activité. C'est pourquoi nous leur donnons un mot ou une formule simple pour les occuper[42].

La répétition a pour rôle de déconnecter l'esprit pensant de ses fonctionnements habituels. En d'autres termes, l'imagination, la folle du logis, est mise au neutre. Elle carbure (presque) à vide. Si cela est mis en œuvre de façon soigneuse, le résultat sera que l'*affectif* va se mettre au neutre à son tour, puisqu'il ne reçoit plus de matériaux de la part du *mental*. Un grand calme d'un bout à l'autre.

Ce n'est pas de la prière, puisqu'il n'y pas encore de rencontre avec Dieu, mais cela procure un grand bienfait à beaucoup de personnes. Dans le monde survolté, affolant, énervant et tendu dans lequel nous vivons, il est salutaire pour certains individus de simplement s'arrêter, de s'immobiliser, de ne rien faire et de ne penser à rien. Pour goûter ce vide bienfaisant une ou deux demi-heures par jour.

42. Thomas Ryan, *La méditation à la portée de tous*, Montréal, Bellarmin, 1998, p. 72.

Vous avez déjà remarqué le mot *mantra* pour désigner la courte formule utilisée. Étymologiquement, le mot vient de la racine sanskrite *man* qui fait référence à l'intellect, et du suffixe *tra* qui signifie outil, ustensile. Le *mantra* est donc un *outil mental* dont on se sert pour une fin précise dans la production des pensées. Ou, et c'est le cas ici, dans la limitation et le contrôle des pensées.

Ici, l'instrument dont on se sert consiste en une parole répétée. Il y en a bien d'autres. Les maîtres spirituels de toutes religions en ont développé tout un répertoire.

Quelques exemples. Fixer son attention sur un point imaginaire situé en plein centre de la boîte crânienne. Sur un point juste entre les deux yeux. Sur son nombril. Dans la paume de ses mains. Se concentrer sur un point noir peint sur une feuille de papier blanc collée au mur[43]. Sur la flamme d'une bougie.

La marche à suivre est toujours identique : chaque fois qu'on se surprend à penser à autre chose, revenir invariablement à l'objet choisi pour se concentrer uniquement sur lui. Et le résultat recherché est aussi toujours le même : immobiliser l'intellect afin de parvenir à immobiliser tout le moi intérieur.

Depuis quelques décennies, des centres de méditation pour des croyants chrétiens se sont formés, en s'appuyant sur ce même schéma psychologique.

Dans l'un de ces centres, l'École de la méditation chrétienne, à la suite de Dom John Main, o.s.b. et de Laurence Freeman, o.s.b., le mot suggéré et largement utilisé est *maranatha*[44].

43. Illustration reproduite dans Barbara J. ROGERS, *In the Center : the Story of a Retreat,* Notre Dame, Indiana, Ave Maria Press, 1983.

44. En fait, ce sont deux mots araméens, qui peuvent se couper différemment : *maran ata* (« Le Seigneur vient ») ou *marana ta* (« Notre Seigneur, viens ! ») On retrouve l'expression en *1 Cor* 16,22 et *Ap* 22,20. Si on se reporte à la fin de l'Apocalypse, on sera porté à adopter la seconde traduction et à y voir une

D'une part, ce mot est d'origine biblique puisque le Nouveau Testament le cite par deux fois. Il semble suffisamment connu des premières communautés chrétiennes pour que ni Paul ni Jean ne sentent le besoin de la traduire pour leurs lecteurs. Cela lui confère une incontestable densité chrétienne pour nous encore aujourd'hui. De plus, si on regarde sa signification (« Viens, Seigneur »), elle constitue tout un programme pour celui qui se met, dans la disponibilité de la méditation, en quête de Dieu.

Mais, malgré cela, ce même mot nous demeure quand même étranger, ne serait-ce que par sa langue. Et je soupçonne que pour la plupart des chrétiens, même bien informés, ce mot n'a guère de résonances affectives. Il faut faire un peu de gymnastique intellectuelle pour que le contenu de ce mot nous touche au fond du cœur. Ce n'est pas impossible, bien sûr, mais pas spontané non plus. Or cette neutralité est justement un effet délibérément recherché : « Comme il s'agit d'un mot araméen, il n'évoque en nous que peu d'associations ou d'images mentales et nous sommes d'autant moins enclins à réfléchir à sa signification quand nous le prononçons[45]. »

Le P. Main raconte, pour bien illustrer qu'il faut détourner notre attention de la signification du mantra ou des idées qu'il suggère pour seulement en écouter le son, l'aventure d'une brave Irlandaise qui s'est présentée à un de ses groupes de prière. On lui a expliqué la manière de faire et appris le mantra habituel. La bonne dame a écouté les directives et tous sont passés à la méditation. Mais en entrant dans la salle, elle avait oublié le mantra. Elle s'est assise et s'est demandé comment elle pourrait bien méditer sans le mantra. « Mais, mon Père, Dieu est bon ! Le

formule liturgique usitée par les premières communautés chrétiennes pour manifester leur impatience de la parousie.

45. Thomas RYAN, *op. cit.*, p. 71-72.

mot m'est revenu au bout de quelques instants : *Maccoshla, Maccoshla*[46] ! »

Une autre caractéristique de la pratique proposée par l'École de méditation chrétienne est la consigne de dire le mot du début à la fin de la période, sans interruption. C'est dans la logique des choses. Si le mot suggéré (*maranatha*), de par sa langue et, au moins partiellement, de par son contenu, est sans charge amoureuse, il ne suscitera rien au niveau de la zone affective. Si, par hasard, un silence intérieur survient, il sera stérile. On se sentira « bien ». Mais pas plus. Ce sera un silence non habité, plutôt vide.

Non seulement ce silence n'est pas recherché, mais quand il survient, il ne faut pas l'entretenir car il est contraire à la pédagogie de la démarche.

> Parfois, en priant le mot, il pourra nous arriver d'éprouver un certain niveau de quiétude et de calme, et nous pourrons être tentés de nous dire : ça, c'est bien. Je pense que je vais laisser de côté mon mantra, et simplement goûter cette expérience. Nous ressemblons alors au rameur qui quitte la rive du fleuve avec l'intention de traverser de l'autre côté. Une fois à l'eau, il sent le soleil lui réchauffer le dos. « Comme c'est agréable, dit-il, je pense que je vais déposer mes rames, m'étendre dans le bateau et relaxer un moment. » Il s'assoupit et découvre en s'éveillant que le courant l'a déporté très loin de son but.
>
> La discipline de s'astreindre à répéter son mot du début à la fin de la méditation a pour but de nous faire traverser le fleuve, de nous faire passer de la rive du souci de soi à celle de l'union à la conscience du Christ[47].

46. John MAIN, *La méditation chrétienne. Conférences de Gethsémanie*, Montréal, Benedictine Priory, 1985, p. 44.

47. Thomas RYAN, *op. cit.*, p. 73.

Assez régulièrement, des personnes, formées à cette école, viennent me voir pour demander conseil.

— Je pratique cette forme de méditation, fidèlement, depuis des années. Au début cela m'a beaucoup aidé à me pacifier, à entrer au-dedans de moi. Mais depuis quelque temps, j'ai la sensation de tourner en rond. Je n'ai pas l'impression de rencontrer Dieu. Pire, je n'ai même pas l'impression de prier. Voilà. Je ne fais que me concentrer.

Je n'ai pas la prétention de dire que cette voie ne peut pas conduire à Dieu[48]. C'est probablement le cas pour beaucoup… mais ceux-là ne viennent pas me trouver pour se faire dépanner… J'ai encore moins la prétention de connaître une voie qui conduise à lui infailliblement. Mais je me dis qu'il faut quand même mettre toutes les chances de notre côté et éviter de faire de la prière une course à obstacles. Si c'est aimer, faisons comme les amoureux…

48. Concernant l'emploi du mantra, à mi-chemin entre la position de l'École de la méditation chrétienne (mantra sans résonance émotive, répétition continue) et la position de l'oraison du cœur que je développe ici (mot avec charge émotive, répétition servant uniquement à conduire au silence qui est l'objectif visé) on pourrait situer l'enseignement du mouvement nommé « *Centering prayer* ». Se référer à la bibliographie en fin de volume. Selon ce dernier, premièrement, le mot utilisé est un mot d'amour (« Jésus », « Seigneur », « Amour », « Père », « Abba », etc.) qui surgira spontanément comme réponse à la Présence intérieure. Et, deuxièmement, concernant l'emploi de la parole sacrée, celui-ci variera selon les circonstances : on doit y recourir pour soutenir l'amour, pour revenir à la présence, pour retourner à Dieu présent au centre de l'être quand il y a distraction par une autre pensée. Mais on en arrive à dépasser la parole pour entrer dans la paix et le silence, et alors il faut la mettre de côté.

Il y a donc différentes façons d'utiliser le mantra. Chacun pourra trouver celle qui lui convient. Il y a de multiples demeures dans la maison du Père commun (*Jn* 14,2).

Une parole pour faire prier le cœur

Comme eux, il vient un moment où tout ce que vous aurez à lui dire se résumera en deux mots. Alors vous n'aurez pas envie de vous empêtrer dans toute une cuisine compliquée, ni de suivre une démarche bien organisée. Que ce soit une méthode de prière, un psaume ou un autre texte tout fait d'avance.

> Ne cherche pas à beaucoup parler quand tu pries, de peur que ton esprit ne se distraie à chercher des mots. Un seul mot du publicain apaisa Dieu et un seul cri de foi sauva le larron. La loquacité dans la prière disperse souvent l'esprit, le remplissant d'images, alors que la répétition d'une même parole ordinairement le recueille[49].

Si la prière contemplative consiste principalement à élargir les intervalles situés entre les paroles, le moyen le plus simple ne serait-il pas de réduire l'espace occupé par ces dernières ?

On ne parvient pas à la prière pure en ajoutant, mais en retranchant ; non pas en multipliant les pensées, mais en les simplifiant. Parlez peu de bouche, mais beaucoup de cœur. Tout peut être contenu dans deux ou trois mots qu'il vous suffit de reprendre, avec de courts intervalles de silence, là où vous laissez les mots résonner dans votre cœur. Pensez plus à lui qu'aux mots que vous dites.

49. Saint Jean Climaque, *L'échelle sainte,* Abbaye de Bellefontaine, 1987, p. 292.

Objectif

Même s'il faudra se pencher sur la question, le plus important n'est pas la parole, son contenu, ni le rythme de sa répétition, *c'est ce silence qu'il y a entre.* Et le truc, c'est d'en faire un silence affectueux, amoureux, plein d'une rencontre. L'invocation n'est qu'un tremplin vers ce silence. Ce *silence plein, habité par la présence,* voilà l'objectif.

Nous avons tous remarqué, un jour ou l'autre, qu'il y a parfois des moments où les mots de la prière semblent se dérober pour nous laisser dans un silence intérieur. On dirait que les mots dérangent cette tranquillité. Mais nous nous empressons alors de reprendre le fil de notre prière, croyant être emportés par quelque somnolence. Nous nous accuserions volontiers de distraction. Et pourtant... Si nous acceptons de glisser sans résistance dans ce silence, nous découvrons une *présence.* Elle se manifeste à notre conscience, encore inconnue, peut-être floue, indistincte, dérangée parfois par des pensées parasites. Un recueillement s'installe pourtant. Un sentiment de paix se répand en nous de manière inattendue : état si agréable que l'on retient spontanément son souffle pour ne pas le perturber. Toute parole, tout mouvement seraient comme un arrachement intérieur ; on savoure en silence un *quelque chose* d'indéfinissable et pourtant si réel.

Nous ne voyons rien. Il n'y a personne que nous puissions toucher, entendre distinctement. Pourtant, quelque chose, ou plutôt *Quelqu'un* se manifeste au-delà des mots, et si nous nous laissons faire, nous entrons dans son intimité.

Une fois cette quiétude atteinte, ne vous occupez plus de la méthode. *Laissez-vous saisir par le Christ !* Car c'est lui. Et *le cœur profond, vous y êtes !*

Contenu

Si on donne à l'éléphant une tige de bambou, il marche droit. Si on lui donnait un sac de cacahouètes à la place ? Irait-il farfouiller partout ? Encore moins qu'avec son bambou. Ne déambulerait-il pas plus droit encore ? À l'odeur des arachides, il irait même jusqu'à trottiner allègrement, j'en suis sûr. Tout droit.

À la différence de l'École de la méditation chrétienne, je crois qu'il est impératif que la formule ait un contenu expressif. D'une personne à l'autre, il peut varier à l'infini, mais il en faut un. Non pas un mot neutre qu'on pourrait aller piger au hasard dans un annuaire de téléphone. Ni un terme aux belles sonorités exotiques qu'on choisirait dans un dictionnaire sanscrit. Dommage ! L'idéal serait d'arriver à trouver un nom à Dieu pour vos relations avec lui, un nom qui lui convienne dans ce qu'il est pour vous et dans ce que vous êtes pour lui.

On raconte encore l'histoire de ce bon vieux curé, dont la prière, avec l'âge, était devenue familière et presque ingénue. À la fin de l'Eucharistie du dimanche, après le rite de communion, il s'assoyait au siège présidentiel et faisait manifestement son action de grâce. Comme il était devenu un peu dur d'oreille avec les années, il lui arrivait de faire ce que font beaucoup de gens dans son cas : il marmottait à mi-voix. Ne s'entendant pas lui-même, il pensait que personne ne l'entendait. Et un beau jour, arriva ce qui devait arriver : le micro fut laissé ouvert. Alors, toute l'assemblée l'entendit marmonner, à la grandeur de l'église : « Mon Dieu, mon tout... », une bruyante respiration, puis : « Le reste, je m'en fous... »

Vous n'aurez pas à vous creuser la tête pour trouver la petite formule qui vous convient, elle est déjà présente au fond de vous-même. Quand on aime quelqu'un, on ne va pas chercher dans un volumineux dictionnaire de citations la phrase bien stylée qui exprimera parfaitement ce que l'on ressent. Elle jaillira toute seule.

Si t'as pas grand'chose à me dire
Écris cent fois les mots « Je t'aime »
Ça fera le plus beau des poèmes
Cent fois cent fois c'est pas beaucoup
Pour ceux qui s'aiment [50].

Ce peut être une formule toute banale, mais c'est la *vôtre.* Elle est riche de sens parce que vous la vivez. Elle devient unique parce que c'est *vous* qui la dites.

Si elle est un peu longue, divisez-la en deux ou trois respirations. Sentez-vous très libre ; suivez votre propre chemin ; demeurez très souple. Rien de systématique, mais la liberté de celui qui aime.

Sainte Thérèse de l'Enfant-Jésus écrivait que quand elle était auprès du tabernacle, elle ne savait dire qu'une chose : « Mon Dieu, vous savez que je vous aime » et elle pressentait que cette prière, si banale, ne fatiguait pas Jésus.

Au ve siècle, saint Jean Cassien, après un séjour de sept années dans le désert d'Égypte pour s'initier à l'expérience spirituelle des grands moines de l'Orient chrétien, revient s'installer à Marseille pour y fonder deux monastères. C'est là qu'il transmet à l'Occident ce qu'il a reçu de ces célèbres Pères du désert. Parlant, entre autres, de la prière répétitive, il donne comme modèle cet « humble verset » : « Dieu, viens à mon aide ; Seigneur, à notre secours. » (*Ps* 70,2) Son enseignement exerça une telle influence sur l'Église occidentale qu'aujourd'hui encore, chaque office de la liturgie des heures du bréviaire romain commence par ce petit extrait de psaume[51].

50. Georges Dor, *La Manic.*

51. Voir à ce sujet la deuxième conférence de l'Abbé Isaïe dans Jean Cassien, *Conférences*, introduction, texte latin, traduction et notes par Dom E. Pichery, vol. II, Paris, Cerf, 1958, p. 85-93.

Un autre moine de la même époque employait la prière : « Seigneur, ce que tu voudras, quand tu voudras. »

Vous connaissez probablement la formule en usage dans l'Église Orthodoxe : « Seigneur Jésus-Christ, Fils du Dieu vivant, prends pitié de moi, pécheur. » C'est une combinaison de deux passages de l'évangile : le cri de l'aveugle de Jéricho, « Jésus, fils de David, aie pitié de moi » (*Lc* 18,38) et la prière du publicain, « Mon Dieu, prends pitié du pécheur que je suis » (*Lc* 18,13). Elle a été rendue populaire en Occident par les *Récits du pèlerin russe*[52].

Cette formulation a pour elle une très longue tradition et une grande richesse doctrinale[53], mais pour l'usage pratique, je trouve personnellement qu'elle est peut-être un peu longue. Dix mots en français, en grec et en russe, sept seulement[54]. Il me semble donc préférable de la subdiviser en trois parties, avec une courte pause entre chacune. Dites lentement et sans effort : « Seigneur Jésus-Christ / Fils du Dieu vivant / prends pitié de moi. » Ou encore la version abrégée : « Seigneur Jésus, prends pitié. »

Vous pouvez opter aussi pour une autre formule traditionnelle de la liturgie orientale, le Trisagion, en divisant encore une fois en trois : « Dieu Saint, Dieu fort, / Dieu immortel / prends pitié de nous. »

Ou pour les psaumes. « Mon rocher, ma forteresse. » (*Ps* 19,15) Pas assez chaleureux, ça donne un peu froid dans le dos... Essayons autre chose : « Seigneur, j'ai fait de toi mon refuge. » (*Ps* 31,2) Ou

52. *Récits d'un pèlerin russe,* présentation et traduction de Jean Laloy, Paris, Seuil, 1966.

53. Voir à ce sujet la section sur la prière de Jésus dans la bibliographie finale.

54. Parlant de la prière en langues, saint Paul écrit dans *1 Cor* 14,19 : « Je préfère dire cinq mots intelligibles [...] plutôt que dix mille en langues. » Selon l'exégèse orthodoxe traditionnelle, les cinq mots en question sont : « Seigneur Jésus-Christ, aie pitié de moi », puisque cette formule est constituée exactement de cinq mots en grec et en russe.

encore : « Seigneur que ton amour soit sur nous (moi). » (*Ps* 33,22) Déjà mieux...

Vous pouvez reprendre l'exclamation de l'apôtre Thomas : « Mon Seigneur et mon Dieu. » (*Jn* 20,28) Pourrait-on trouver plus chaleureux encore ? « Jésus, je t'aime. » Parfait... « Jésus, tu m'aimes. » Mieux encore...

« Abba, Père », si on est plus attiré vers le Père que vers le Fils. « Viens Esprit-Saint », si c'est vers l'Esprit. Toujours avec liberté et souplesse.

« Tu m'as aimé / Tu t'es livré pour moi. » (*Gal* 2,20) Superbe... Ou encore la si belle confession de Pierre : « Seigneur Jésus / Toi, tu sais tout / Tu sais bien que je t'aime. » (*Jn* 21,17) Ou, inspiré du Cantique des Cantiques : « Je suis à mon Bien-Aimé / et mon Bien-Aimé est à moi. » (*Ct* 6,3) Ou simplement : « Seigneur, demeure en moi. » Saint François d'Assise s'exclamait souvent : « Mon Dieu et mon tout. » Notre vieux curé l'a repris... et modifié.

J'emploie, personnellement, la même formule depuis des années déjà. Plusieurs fois je me suis dit qu'il faudrait que je change. Pour éviter la routine. Mais chaque fois que je me mets en prière, c'est la même qui me revient. Elle est tellement mienne maintenant, tellement riche d'expériences acquises au fil du temps. Je voudrais bien changer, mais le Seigneur m'a tellement fait de grâces avec celle-là... alors à quoi bon ?

Jean Lafrance, un spirituel français bien connu, mort récemment, suggère, pour sa part, la formulation suivante : « Père / au nom de Jésus / donne-moi ton Esprit[55]. » Elle est admirablement bien fondée dans la théologie du Nouveau Testament, quoique un peu longue à mon avis. Il suffit de la subdiviser.

55. Jean LAFRANCE, *Demeure en Dieu*, Montréal, Médiaspaul, 1995, p. 240-250.

Mais si vous ne parvenez pas à trouver une petite parole qui vous convienne, ne vous cassez pas la tête. Prenez simplement le mot « Père » ou le nom « Jésus ». Inutile de chercher plus loin. « Jésus », « Jésus-Christ », « Seigneur Jésus », « Doux Jésus[56] », « Mon Bien-Aimé », « Mon Sauveur », « Mon Amour ». Ce sont les plus courts qui sont les meilleurs.

« Rabbouni » (*Jn* 20,16), un nom que Marie Madeleine donnait à Jésus, tellement intime, à ce point personnel que l'évangéliste a renoncé à le traduire. Ce cri, c'était tout Marie Madeleine, tout son amour, tout son désir... en un seul mot.

Faites comme elle ; trouvez un petit mot qui a des résonances à l'intérieur de vous-même. Au moyen d'un murmure très calme et très sobre, mettez-vous en présence de Dieu. Une fois ouvert à cette présence, cessez la répétition, cessez toute manœuvre et *restez immobile dans ce silence habité par lui.* Vous êtes rendu au but. Quelques secondes. Reprenez doucement votre répétition dès qu'une autre pensée s'infiltre.

56. Il faudrait écrire ici tout un chapitre sur la spiritualité du nom de Jésus et de son invocation au cours des siècles, en particulier avec saint Bernard de Clairvaux (« Le nom de Jésus est du miel dans la bouche, une mélodie à l'oreille, un chant de joie pour le cœur », dit-il dans le *Sermon XV sur le Cantique des Cantiques)* et saint Bernardin de Sienne (« Ce nom glorieux est l'honneur de ceux qui croient, la science de ceux qui enseignent, la force de ceux qui travaillent, le soutien de ceux qui défaillent », extrait de *L'Évangile éternel*). Compléments dans Daniel MAURIN, *L'oraison du cœur. Un chemin vers Dieu,* Paris/Fribourg, Éditions Saint-Paul, 1993, p. 53-65.

Tempo

Y a-t-il un rythme particulier à respecter ? Le silence presque absolu de tous les auteurs, toutes tendances confondues, sur cette question, donne déjà la réponse : Non.

Partout, il n'y a qu'une recommandation : réciter « lentement, doucement, paisiblement ». Et « avec recueillement, sans hâte, naturellement ». Il se peut que la prière épouse le rythme de la respiration. C'est utile, mais non obligatoire. Si cela ne se fait pas tout seul, laissez tomber.

Si on scrute avec une loupe, on en apprend à peine un peu plus. Le moine-évêque russe Ignace Brianchaninov (1807-1867) croit qu'il faut environ une demi-heure pour réciter une centaine de fois la prière de Jésus[57]. On peut la réciter plus rapidement selon certains, d'autres mettent plus de temps. Dans les *Récits d'un pèlerin russe*, le starets conseille au pèlerin de commencer par réciter la prière trois mille fois par jour. Puis six mille fois. Et enfin douze mille fois. Après quoi le pèlerin cessa de compter. Ce qui suppose, cette fois, un rythme assez rapide.

Mais la prière est un acte vital et ne doit pas dégénérer en mouvement mécanique. Le vrai amour n'a pas de métronome. Il lui suffit que soit maintenu un juste équilibre entre le « mot-prière » et le « silence-plein », en évitant deux écueils :

- Si vous maintenez votre invocation toujours présente à l'esprit, vous demeurerez « dans votre tête ».
- Si vous restez sans rien faire, vous risquez de rester « suspendu dans le vide ».

57. Archimandrite Kallistos T. Ware, dans l'introduction à Higoumène Chariton de Valamo, *L'art de la prière*, Abbaye de Bellefontaine, 1966, p. 40.

La clef consiste donc à revenir à votre petite formule, doucement et affectueusement à chaque fois que le papillonnage vous saisit. Sans pour autant vous y accrocher, afin de laisser la place à Celui qui est attendu… au-delà de toute formule.

> Les mouvements de la langue et du cœur, au cours de la prière sont des clefs. Vient ensuite l'entrée dans la chambre. Là la bouche et les lèvres se taisent ; la pensée, la raison, l'esprit […] et leurs supplications n'ont plus qu'à se tenir muets, car le Maître de la maison est entré[58].

Dès que le Bien-Aimé se laisse pressentir, laissez le petit mot se perdre dans le silence. Pour ne le reprendre que lorsqu'une pensée intruse voudra vous saisir dans son filet.

L'oiseau de proie s'épuiserait, s'il battait des ailes sans arrêt. S'il s'endormait dans les airs, il s'écraserait au sol. Deux extrêmes à éviter. Point de violence, ni de coup de force. Pas de laborieux efforts pour la maintenir constamment à l'esprit : frapper à la porte ne signifie pas forcer la serrure ! D'ailleurs la porte ne s'ouvre même pas de ce côté. Plus vous poussez, plus elle se ferme ! Seul le Seigneur peut vous l'ouvrir : « Quiconque demande reçoit, qui cherche trouve, à qui frappe *on* ouvrira. » (*Lc* 11,10) Il ne dit pas : « Défoncez la porte. » Mais il n'a pas dit non plus : « Une fois suffit. » Il convient de chercher, d'invoquer avec persévérance.

Variantes

Le grand avantage de cette façon de vivre votre relation avec le Seigneur, c'est que la formule va resurgir à d'autres moments de la journée. Quand vous aurez une « bouffée de prière » entre deux

58. Saint Isaac le Syrien, Patrologie Grecque n° 86, p. 811.

occupations. Si vous priez, depuis quelques mois, avec une parole précise, et qu'elle s'est bien ancrée en vous, votre désir de Dieu, survenant à l'improviste dans un creux de votre journée, se formulera tout seul au moyen de cette petite parole. C'est normal : elle fait partie de votre « histoire sainte ». C'est elle qui vous dit à Dieu et c'est par elle qu'il se dit à vous.

Et quand toujours recommencer vous devient monotone, jetez un coup d'œil sur ce que vous éprouvez quand vous prononcez le nom de Jésus. Changez progressivement d'attitude, prononcez-le avec des sentiments variables.

Murmurez-le au début avec *désir.* Sans dire : « Seigneur, je te désire », exprimez cette attitude du cœur par la manière de réciter son nom. Après quelques minutes faites de même en changeant un peu de couleur : avec *confiance.* Non pas réfléchir sur la confiance, ce qui serait retourner la prière dans votre tête, mais par une autre manière de murmurer son nom. Laissez-vous aller dans cette confiance en lui, goûtez, vivez cette sécurité. Puis, toujours seulement par votre manière de répéter le même nom, passez à *l'adoration*, à *la gratitude*, à *l'abandon.* Il y a de multiples façons de dire : « Mon chéri, mon coco, mon lapin. »

Encore une fois, ne pas penser à l'abandon ou à l'action de grâce. Ça redeviendrait une question de cerveau. La prière n'est pas affaire de cerveau, mais penchant du cœur. « Il ne s'agit pas de beaucoup penser, mais de beaucoup aimer. » Redire, avec chaleur, le nom de l'aimé, c'est le secret des amoureux. C'est le secret des contemplatifs.

Plus on aime, mieux on prie. La prière, c'est l'attention du cœur amoureusement fixée sur lui. Plus l'attention est amoureuse, meilleure est la prière. Tout le reste, c'est de l'emballage inutile.

Liens avec la tradition chrétienne

Hector et Amélie, sur leur balcon, nous ont fait voir que la relation amoureuse, en s'approfondissant avec le temps, tout en nous faisant communiquer de plus en plus, nous fait placoter de moins en moins. Une loi de l'amour qui s'applique à la prière. On en vient à tout exprimer en ne disant presque plus rien. Un mot suffit.

Nous avons vu que cette réduction du discours de l'intellect à un simple *mantra*, à cause d'une structure psychologique commune à tout être humain, est un fait observable tout au long de l'évolution des grandes voies spirituelles. Les techniques de concentration et de plongée dans le soi profond ne sont pas légion. Elles sont toutes apparentées. L'intérieur de l'être humain fonctionne de façon identique sous toutes les latitudes.

Je n'ai pas les moyens de reprendre ici l'histoire de la prière basée sur la répétition d'une formule, en contexte chrétien, serait-ce en quelques pages. Ce travail a été entrepris ailleurs, je ne peux que vous y référer, tant du côté orthodoxe[59] que du côté occidental[60].

Je me contenterai de faire quelques coups de sonde à droite et à gauche.

59. Se référer à la bibliographie en fin de volume sous la section concernant la prière de Jésus.

60. La plupart des volumes présentés en bibliographie sous la rubrique « méditation chrétienne » comprennent un volet historique, avec les citations les plus significatives. Ils partent de Jean Cassien, passent par le monachisme médiéval, présentent *Le nuage de l'inconnaissance* d'un mystique anonyme anglais du XIVe siècle, puis les coups de freins occasionnés par la réforme protestante, la crise de l'illuminisme, la réaction de l'Inquisition, et la crise du quiétisme. Ils aboutissent à la redécouverte contemporaine, occasionnée autant par le défi des mouvements spirituels issus de l'Extrême-Orient que par une relecture de notre propre héritage spirituel.

J'ai déjà mentionné, en présentant les formules possibles, quelques grandes figures chrétiennes comme Cassien, Thérèse de l'Enfant-Jésus et François d'Assise. Je m'empresse d'ajouter François de Sales[61]. Pour lui, la prière contemplative n'est pas uniquement possible dans les monastères ou réservée aux religieuses et au clergé, mais elle était aussi un droit et un devoir pour les soldats, les domestiques, les dames de cour et leurs servantes, les commerçants et leurs épouses. Fort de cette conviction, tenant compte de leur genre de vie propre, il leur proposa ce qu'il appelait (avant que le mot ne prenne un sens pharmaceutique) « des comprimés d'oraison ». Ou « des oraisons jaculatoires ». Comme par exemple : « Ô Jésus, je vous aime » ; « Jésus, mon amour et mon secours » ; « Ô mon Jésus ». Ces petits « javelots » projetés vers Dieu, ces courtes prières, rapides, intenses, traduisant de brefs élans du cœur, parsèment les activités de la journée. Elles peuvent se réciter n'importe où et n'importe quand. Dans l'autobus, pendant le travail, au jardin et à la cuisine, en s'habillant et en marchant, en période d'insomnie ou de détresse. Quand les autres formes de prière sont devenues difficiles. Une invitation, à la portée de tous, de nourrir les heures actives de louange, d'offrande, d'appels confiants pour maintenir ce lien d'amour et tout entreprendre sous le regard de Dieu.

Comment ne pas évoquer aussi la pratique chrétienne des litanies ? Répétition rythmée, le plus souvent sous forme collective, en alternance avec un soliste, d'une courte invocation qui finit par percer son chemin jusqu'au-dedans. C'est la confortable monotonie qui permet à l'intellect de s'immobiliser à mesure que la litanie progresse ; et, celui-ci mis au calme, nous savons maintenant ce qui se produit : l'affectif s'unifie à son tour autour du sentiment

61. Saint François de Sales, *Introduction à la vie dévote*, Paris, Seuil, 1962.

précis que la litanie nous inculque. Sentiment de contrition (« prends pitié ») ; sentiment de louange et d'adoration (« béni sois-tu ») ; d'imploration et d'humilité (« priez pour nous »). Sentiment qui, si on fait corps avec la démarche, prendra de plus en plus possession de nous.

Terminons enfin par le chapelet qui, tout en ayant la réputation d'être une prière pour les pauvres, n'en fait pas moins appel à une démarche complexe. Encore une fois, même procédé de base : répétition constante. Dans la première moitié de chaque Ave, il s'agit d'une série de paroles bibliques tirées des salutations adressées à Marie par l'ange Gabriel puis par Élisabeth[62] et, dans la seconde partie, d'une demande réitérée de prière pour nous. Immobilisation progressive donc du *mental* entraînant, comme toujours, l'établissement dans l'*affectif* d'un sentiment correspondant : vénération pour la Mère de Dieu et confiance en son intercession pour nous.

Mais cette fois-ci la tournure est plus riche et plus dense : on y ajoute la méditation d'un « mystère ». La tradition les a classés en trois triptyques de cinq tableaux chacun : les mystères joyeux, les mystères douloureux et les mystères glorieux. Chacun évoque un épisode, toujours à caractère émouvant, de la vie de la Vierge Marie. À chaque dizaine est rattaché un mystère particulier, à saveur évangélique le plus souvent, et le priant est invité à le « méditer » pendant la récitation des Ave. À visualiser la scène. À s'en imprégner. À se laisser toucher par elle. Et, finalement, à se laisser émouvoir. Le *mental* est donc occupé à une même chose, contempler la Vierge, par deux canaux différents mais complémentaires : la vocalisation d'une formule et la visualisation d'une scène. L'*affectif* n'a plus qu'à suivre. Le chemin lui est doublement indiqué.

62. « Salut, Marie, pleine de grâce, le Seigneur est avec toi. » (*Lc* 1,28) « Tu es bénie entre toutes les femmes, et le fruit de tes entrailles est béni. » (*Lc* 1,42)

Finalement, la répétition, c'est Jésus lui-même qui nous l'enseigne. Il nous donne deux préceptes en apparence contradictoires : « Ne pas prier en multipliant les paroles » et « Prier sans relâche ». Je ne connais qu'une seule façon d'appliquer ces deux contraires : prier en répétant sans cesse les mêmes paroles. Vous voyez une autre solution ?

4

... *échanger le regard*

« Le visage de l'homme est malléable. Pour ressembler au Christ, il suffit de regarder longuement celui à qui on veut ressembler[63]. »

Christian DE CHERGÉ

Tous ces détours nous ont entraînés assez loin du souper à la chandelle de nos deux amoureux. Ils sont pourtant notre source d'inspiration. Approchons-nous d'eux à nouveau, sur la pointe des pieds.

Trop tard. Ils ne se parlent plus. Si, ils se parlent encore, mais à demi-mot. Moins encore, ils ne se parlent que « du bout des yeux ».

Les yeux sont le miroir de l'âme, dit-on. Si on regarde au fond, on y voit le cœur.

63. Christian DE CHERGÉ, cité dans Marie-Christine RAY, *Christian de Chergé, prieur de Tibhérine,* Paris, Bayard/Centurion, 1998, p. 72.

Priez avec le regard

Prier c'est parler, oui, mais surtout regarder ! Il est normal que les paroles diminuent puisque après quelque temps, on a tout dit. Que faire alors, sinon poursuivre la rencontre à travers un simple regard ? On se sait regardé par le Seigneur et on répond à son regard. On est ensemble. On est heureux. Pas d'une joie qui déborde en sentiments émotifs, mais d'une paix et d'un bonheur spirituels qui se répandent en nous.

Venez à la prière, installez-vous, tranquille et relaxé. Prenez un moment pour bien vous recueillir. Une fois pacifié, figurez-vous le Christ présent, devant vous, à tel endroit précis. Laissez-vous simplement regarder par lui. Ou plongez votre regard dans son visage.

Ne vous efforcez pas de l'imaginer avec beaucoup de détails : quelle grandeur, quelle attitude, vêtements de telle ou telle couleur. Affirmez simplement, par votre foi, qu'il est là, présent, sur tel carreau du plancher et regardez-le « comme fait quelqu'un qui ouvre les yeux pour regarder avec amour[64] ». Mettez votre imagination au service de votre foi. Évidemment, Jésus n'est pas là, tout proche, de la manière précise dont vous l'imaginez, mais il y est néanmoins et votre imagination ne fait que vous aider à vous en rendre compte.

Se savoir regardé, se savoir aimé ! Cette méthode de prière est la plus efficace que je connaisse pour faire l'expérience de la présence du Christ. Nous allons à lui, sans obstacle, sans artifice. Une véritable porte ouverte sur la rencontre avec le Christ ressuscité. Plongez votre regard dans le sien jusqu'à ce que votre attention soit toute sur lui et sur lui seul. Demeurez en repos. Deux ou trois

64. Saint JEAN DE LA CROIX, *Vive flamme d'amour,* dans *Œuvres complètes*, tome VI, Paris, Cerf, 1984, p. 192.

secondes. Dès qu'une autre image ou qu'une pensée étrangère veut se faufiler, avec beaucoup de calme, regardez-le à nouveau, juste le temps de laisser la pensée s'estomper.

On a vu précédemment comment une petite formule pouvait vous servir, dès le début de la prière, pour un double objectif : rompre avec vos occupations antérieures et vous mettre en présence de Dieu. Ici, c'est l'échange de regard qui accomplit le même travail.

Si le chapitre précédent s'adressait aux « auditifs », celui-ci s'adresse davantage aux « visuels ». Comme c'est la section la plus dynamique de votre imagination, qui risque toujours de partir « à la chasse » la première, c'est elle que vous devez vous charger d'occuper. Si c'est le secteur de l'audition, donnez-lui une formule « à gruger ». Si c'est celui de la vision, fournissez-lui une image.

Le procédé est ici le même que pour l'invocation dont j'ai parlé : le regarder à chaque fois que votre esprit s'éloigne de lui et vagabonde, puis passer de ce regard au silence de sa présence lorsque celle-ci vous saisit. Éloigner tout parasite en le regardant à nouveau.

Le regarder. Se laisser regarder. Son regard à lui sur vous, tendre, réconfortant, plein de miséricorde. Votre regard vers lui, rempli de confiance et de reconnaissance.

Plus le regard que vous lui adresserez sera chaleureux, plus le silence qui suivra sera susceptible de se prolonger, en toute quiétude. Ou si dans votre cas le regard est dans l'autre sens, c'est-à-dire du Christ vers vous, plus son regard sera perçu comme aimant, plus vous serez en mesure de le faire « résonner » paisiblement en vous. Comme l'écrivait Charles de Foucauld : « La meilleure prière est celle où il y a le plus d'amour. Elle est d'autant meilleure que les regards de l'âme sont chargés de plus d'amour, que l'âme se tient plus tendrement, plus amoureusement devant son Dieu[65]. »

65. Charles DE FOUCAULD, *Écrits spirituels*, 13e éd., Paris, J. de Girord, 1957, p. 161.

Une prière extrêmement simple : l'attention amoureuse du cœur visualise le Sauveur et tout l'être se tourne vers cette présence. Vous ne méditez pas sur lui ; vous n'essayez pas de trop l'imaginer ; juste ce qu'il faut pour que le cœur demeure en éveil.

> Je ne vous demande pas, pour le moment, de penser à lui, ni de beaucoup raisonner, ni d'appliquer votre entendement à de hautes et délicates considérations. Je vous demande de porter votre regard sur lui. Qui vous empêche de tourner les yeux de l'âme, ne serait-ce qu'un instant, vers ce Seigneur, même si vous ne pouvez vous y arrêter plus longuement ? [...] Jamais, mes filles, votre Époux ne vous perd de vue. [...] Comme il le dit à son Épouse, il n'attend que cela, que nous le regardions[66].

Ne prenez pas la peine d'imaginer les détails de son visage ou de son habillement. Cela ne pourra que vous distraire. Sainte Thérèse d'Avila, que je viens de citer et qui priait souvent de cette façon, dit qu'elle ne réussissait jamais à imaginer le visage de Jésus. Elle sentait seulement qu'il était auprès d'elle, tout comme dans une pièce obscure vous sentez parfaitement la présence d'une personne que vous ne pouvez pourtant pas voir clairement.

Regardez le Christ sans paroles, soyez uniquement occupé à vous émerveiller de lui. Dites-lui que vous l'aimez par votre seul regard, muet des lèvres et même de la pensée. La meilleure prière est celle où il y a le plus d'amour.

Un regard qui transforme

Si nécessaire, servez-vous d'une icône du Sauveur. Celle-ci est toujours écrite de telle manière que le Christ semble directement fixer des yeux celui qui regarde son image.

66. Sainte Thérèse d'Avila, *Le chemin de la perfection, op. cit.*

Avez-vous déjà fait une comparaison entre une statue du Bouddha et une icône figurant un saint ? Le contraste ne saurait être plus significatif. Le Bouddha est, le plus souvent, représenté en forme de triangle, assis les jambes repliées, les mains (la part active) plus ou moins immobiles au centre du triangle, grassouillet, les yeux fermés, le visage revêtu du sourire de celui qui a atteint l'Illumination. Le saint de l'icône est debout, amaigri par le détachement de lui-même ; le vêtement, tout en lignes verticales, conduit vers des yeux de hibou, grands ouverts, qui contemplent l'Invisible. Et, le regardant, se laissent transformer par lui. « Nous savons que, lorsqu'il paraîtra, nous lui serons semblables, puisque nous le verrons tel qu'il est. » (*1 Jn* 3,2)

Ne rien dire, te regarder
te demander avec les yeux,
te remercier avec les yeux.
Fermer les yeux parce que tu es là,
les ouvrir pour voir ton sourire.
Devenir ton image de plus en plus,
à force de te regarder[67].

Au XVIIe siècle, on avait donné à un certain degré précis de prière le nom de « prière du simple regard ». Regarder et contempler, cela va ensemble. Si vous parvenez, pendant quelques secondes, à demeurer ainsi sous son regard, ne dites plus rien, ne faites plus rien. Restez doucement absorbé par sa présence. Moins vous remuez, mieux notre Seigneur fait son ouvrage.

Dès que l'esprit se remet à divaguer, remettez-vous, sans effort, devant lui : « Il est là, présent. » Reprenez ce mouvement aussi souvent qu'il le faudra. Cinquante ou soixante fois, peu importe.

67. Didier RIMAUD, cité dans *Fêtes et saisons*, n° 326, juin-juillet 1978, p. 17.

Quand votre cœur s'égarera ou se distraira, ramenez-le doucement à son point, remettez-le tendrement auprès de son Maître; et quand vous ne feriez autre chose tout au long de votre heure que de reprendre bellement votre cœur et le remettre auprès de Notre Seigneur, et qu'autant de fois vous l'y remettriez il s'en détournerait, votre heure serait très bien employée[68].

Encourageant, quand même! Notez le «tendrement» au passage...

68. Saint FRANÇOIS DE SALES, *Œuvre,* édition critique d'Annecy, tome 18, p. 37.

5

... oser un geste affectueux

> « Vois avec quels embrassements d'amour réciproque tu dois l'aimer et l'embrasser en retour, lui qui t'a estimé à un si grand prix[69]. »
>
> Saint BERNARD

Jetons un coup d'œil à nos amoureux. Deux mains nouées tendrement sur la nappe blanche...

Priez avec un geste

Comme pour le cas précédent, représentez-vous le Seigneur, mais, cette fois, tout proche, à portée de la main. Et, au lieu de seulement le regarder, exprimez votre amour pour lui par un geste

69. Saint BERNARD, *Deuxième sermon après l'octave de l'Épiphanie*, cité dans Sœur Agnès LEMAIRE, *Saint Bernard et le mystère du Christ*, Québec, Anne Sigier, 1991, p. 43.

affectueux. Sans bouger extérieurement : il s'agit simplement d'une visualisation. Dans votre imagination, exprimez un mouvement de votre cœur pour le Seigneur, par un petit geste, par une attitude corporelle, par une posture. Et mettez dans cette attitude, dans ce geste, un peu de tendresse et de chaleur. Je vous avertis tout de suite que c'est plus compromettant — un geste vaut mille mots —, mais quelle prière extraordinaire !

Prenons un exemple. Au moment fixé, vous vous rendez à votre coin de prière et vous vous recueillez quelques secondes. Puis, sans plus attendre, figurez-vous le Christ en croix, juste devant vous. (Je prends à dessein cette image-ci parce que c'est la plus courante, mais ce n'est qu'une suggestion. Si c'est le temps de Noël, la crèche avec l'Enfant irait tout aussi bien.) Imaginez-vous vous-même en place de Marie Madeleine, par exemple. Pour commencer votre prière, sans bouger physiquement, mais à l'intérieur de vous-même, posez votre front sur le bas de la croix. Ou embrassez les pieds ensanglantés du crucifié. Ou, plus encore, enlacez ses pieds, appuyez-vous sur sa poitrine, penchez-vous vers son côté ouvert. C'est à cela que nous encourage le P. Besnard :

> Si [le Père] nous a donné son Fils dans la chair, c'est pour que nous l'étreignons à pleine mains charnelles. [...] Le Christ est là, ouvert pour toi sur la Croix, il ne te fera pas défaut, il est cloué, c'est à toi d'accourir, de t'approcher, de l'étreindre. Il se laisse tenir : ne le lâche plus qu'il ne t'ait béni ! et c'est sa façon à lui de te tenir à son tour. Il s'est fait ta proie, et c'est sa façon à lui de te faire devenir la sienne[70].

Le geste posé, ne faites plus rien, sinon rester dans sa mouvance. Contentez-vous de le vivre intérieurement en le laissant se

70. A.-M. Besnard, o.p., *Propos intempestifs sur la prière*, Paris, Cerf, 1978, p. 85-86.

répercuter au-dedans. Vous avez atteint le but de votre prière : rester en sa présence.

Cela perdure quelques courtes secondes. Puis, vous vous remettez, insensiblement, à repenser à autre chose. Dès que vous vous en rendez compte, refaites votre petit geste, toujours avec un peu d'affection. S'il n'est pas neutre, s'il est véritablement en accord avec ce que vous ressentez pour lui, il laissera un petit écho dans votre sensibilité amoureuse. Quelques secondes au maximum. À nouveau une distraction… à nouveau posez le geste…

La démarche est identique à celle employée pour le mot-prière ou pour le regard-prière que nous avons analysée précédemment. La visée est la même : concentrer votre attention sur le Bien-Aimé et susciter en vous, si possible, un petit mouvement d'amour pour lui. Le moyen est le même aussi : occuper votre *mental* avec une représentation chargée positivement, afin de provoquer une sobre vibration dans votre *affectif*, de façon à ce que tout votre être soit ainsi aimanté par lui. Le but final est le même enfin : parvenir à vous maintenir un tant soit peu dans ce silence plein, habité par lui. Il n'y a que l'outil qui change : un geste, une caresse, au lieu d'un mot ou d'un regard.

Remarquez que vous pouvez joindre l'un à l'autre. Ce serait merveilleux si ce que vous voulez exprimer à Dieu se traduisait à la fois par un mot et par un geste, l'un et l'autre se complétant, voire se compénétrant. Vous répétez votre formule en même temps que vous posez votre geste. Vous avez deux outils, un auditif et un visuel, pour maintenir votre *mental* orienté vers Dieu, à partir de deux angles différents. Il aura d'autant moins de chances de vagabonder.

Un éventail varié

Si vous êtes naturellement expansif, extraverti, démonstratif avec autrui, vous le serez probablement dans votre prière aussi. Donnez-vous la permission de l'être. Saisissez ses pieds avec vos mains, enlacez les jambes du crucifié, serrez son corps, embrassez ses plaies. Si vous n'êtes assurément pas de sang méditerranéen, mais plus pudique de nature, restez plus discret tout simplement, tenez-vous-en à des gestes plus retenus. Levez les mains vers lui. Contentez-vous, comme l'hémoroïsse de l'Évangile (*Lc* 8,44), de vous approcher de lui par derrière et de ne toucher que la frange de son vêtement. Si c'est encore trop, ne faites que vous asseoir à ses pieds, comme la Marie de Béthanie (*Lc* 10,39), vous plaisant, sans bouger, à être avec lui aussi longtemps que vous le pourrez.

> Représentez-vous ce Seigneur auprès de vous ; considérez avec quel amour et quelle humilité il vous enseigne. Croyez-moi, ne négligez rien pour n'être jamais sans un ami si fidèle. Si vous vous habituez à le considérer près de vous ; s'il voit que vous faites cela avec amour et que vous vous appliquez à lui plaire, vous ne pourrez plus, comme on dit, vous en débarrasser. Il ne vous manquera jamais ; il vous aidera dans toutes vos épreuves ; vous l'aurez toujours et partout à votre côté. Pensez-vous que ce soit peu de choses que d'avoir un tel ami près de vous ? Ô mes sœurs, vous qui ne pouvez discourir beaucoup avec l'entendement ni appliquer votre pensée sans être envahies par les distractions, prenez, prenez l'habitude que je vous indique. Je sais que vous le pouvez[71].

71. Sainte Thérèse d'Avila, *Le chemin de la perfection,* trad. P. Grégoire de Saint-Joseph, Paris, Seuil, 1961, p. 157.

Il suffit que vous vous sentiez à l'aise dans ce que vous faites. Que ce soit vraiment vous qui vous exprimiez. S'il est vrai, le geste que vous poserez sera toujours le bon. Quand on embrasse quelqu'un, on ne se demande pas pendant une semaine si on fait bien ça, si c'est le bon geste, si c'est la bonne manière, etc. On l'aime et on l'embrasse, c'est tout. Peut-être qu'on peut, dans nos relations interpersonnelles, commettre ainsi des impairs, mais pas ici. Dieu nous aimera toujours au-delà de tout ce que nous pourrons lui apporter comme témoignage. Et nos démonstrations amoureuses, si audacieuses qu'elles nous semblent, seront toujours en deçà de ce que nous devrions faire et de ce qu'il espère de nous. Notre attitude la plus osée ne sera jamais qu'un ingrat balbutiement.

Il y a des gestes actifs et des gestes passifs. Ceux avec lesquels j'aime et ceux par lesquels je me laisse aimer. Le pôle masculin et le pôle féminin de notre être, si vous voulez.

Vous *aimez* quand c'est vous qui vous reposez sur ses épaules, quand c'est vous qui l'enlacez ou l'embrassez. Quand vous vous le figurez assis devant vous et que vous déposez vos mains entre les siennes. Quand vous prenez ses mains et que vous les embrassez. Quand vous lui caressez le visage.

À l'inverse, vous *vous laissez aimer* quand vous vous laissez caresser les cheveux pour vous faire consoler, quand vous vous laissez soutenir ou relever par lui. Quand vous consentez à vous faire serrer sur sa poitrine par lui.

Quitte à vous servir de quelque objet pour vous aider. Si vous voulez appuyer votre front sur la croix, appuyez-le, en vous fermant les yeux, sur une colonne. Prêtez vos mains à Dieu et enfouissez-y votre visage. Vous vous sentez poussé à poser votre tête sur son épaule ? Faites-le en vous servant du banc juste devant. J'en connais qui prennent un coussin ou un oreiller.

Recommencez le geste chaque fois que vous en avez besoin. Accompagné de votre petit mot si possible. L'important ici encore, c'est le silence amoureux. Le type de geste n'a aucune importance. Prenez celui qui vous vient, mais faites-le en y mettant tout votre penchant affectueux. Vous ne venez pas pour réfléchir, mais pour aimer. Et c'est tout l'être qui vient aimer.

Le truc, c'est de vivre ce geste le plus intensément, le plus tendrement possible. Minimum d'imagination, maximum d'affection. Aimer et se laisser aimer ; embrasser et se laisser caresser.

Vous finirez par devenir un peu la pécheresse qui a passé le temps d'un repas aux pieds de Jésus, à embrasser ces derniers, à les laver de ses larmes et à les essuyer de ses cheveux.

> L'âme se couche à ses pieds, les baignant de ses larmes, les oignant. [...] Tout cela elle se le figure d'une manière fort corporelle, ce qui souvent, à cause de la douceur même de cette imagination sensible, lui vaut des lumières et un désir chaleureux de la prière spirituelle et de la contemplation. Sans qu'elle sache comment, ces images corporelles lui font comprendre certains mystères de la piété[72].

Ou devenir un peu Jean à la dernière cène, la tête tout contre la poitrine Jésus. Une heure de prière dont vous vous souviendrez.

Sur un des portails de la cathédrale de Chartres, un sculpteur médiéval a représenté le cycle de la création d'après le récit de la Genèse. On y voit, en tableaux successifs, Dieu créant les astres, puis créant les oiseaux et ainsi de suite. Vient enfin la scène de la formation d'Adam. Le Créateur est assis, un peu penché en avant vers son ouvrage, et Adam, encore inerte, a la tête déposée sur les genoux de son Dieu. Celui-ci, de ses deux mains caressantes d'artiste, dessine les traits de son visage dans la glaise encore humide, lui forme les cheveux en les peignant d'un frôlement, lui moule

72. Guillaume de Saint-Thierry, *Exposé sur le Cantique des Cantiques,* trad. M. Dumontier, Paris, Cerf, 1962, p. 91.

les joues avec une cajolerie souriante. Adam se laisse dorloter, immobile et endormi, encore informe à partir de la taille jusqu'en bas, les jambes se perdant dans le sol d'où il est tiré.

Ah ! si on pouvait devenir comme cet Adam, tout paisible entre les mains créatrices, juste le temps de la prière! Nous laisser tirer du sol et construire, sculpter par elles. Sans autre souci que de les laisser faire leur œuvre. Nous laisser modeler pour qu'elles nous façonnent à leur gré. Prier en se laissant créer par Dieu, caresser et refaire. Passez une demi-heure dans cette attitude et vous allez me dire que c'est trop court.

Supposons maintenant que vous découvrez peu à peu que votre « attitude globale » devant Dieu consiste à voir dans le Seigneur un refuge. Vous avez fait, assez régulièrement, dans votre prière et en dehors d'elle, l'expérience de vous sentir pauvre et fragile, un peu craintif face à l'avenir. Alors, vous cherchez auprès de Dieu un soutien et un appui. Et l'autre jour vous vous êtes surpris, — c'est venu tout seul — à lui chantonner : « Garde-moi, Seigneur mon Dieu, Toi mon seul espoir. » Vous ne vous souvenez pas trop d'où ça vient[73], mais c'est devenu votre formule. Elle vous dit si bien. Seule malchance, elle est un peu longue. Alors vous l'avez divisée sur trois expirations : « Garde-moi / Seigneur mon Dieu / Toi mon seul espoir. »

Ne pourriez-vous pas traduire le même vécu par une image, tant qu'à y être ? Pour vous aider, prenez une peinture cette fois. Celle du *Retour du fils prodigue* de Rembrandt est suffisamment connue pour qu'il ne soit pas nécessaire de la décrire.

Dès le début de votre prière, mettez-vous, comme le fils de la peinture, à genoux, appuyé sur le Père, lové dans son manteau. Toujours dans la ligne qui est la vôtre, celle d'une remise priante

73. C'est une antienne d'un des psaumes responsoriaux de la Vigile Pascale. Adapté du psaume 16,1.

de soi entre les mains d'un Dieu qui soutient et protège. En fredonnant votre petit refrain.

Tantôt c'est *vous* qui, dans votre insécurité, vous collez sur lui. Vous prêtez alors attention au fait que c'est *votre* tête qui repose sur sa poitrine. Amour actif.

Tantôt c'est *lui* qui, dans son penchant vers vous, vous enveloppe de son manteau. Cette fois, vous prêtez attention au fait que ce sont *ses* mains à lui qui vous réchauffent les épaules. Se laisser aimer. Amour passif.

Même image, même geste amoureux, même expérience de fond, mais avec des variantes. Le lundi soir, la journée ayant été éprouvante, c'est vous qui vous cachez auprès de lui durant le temps de prière. Le mardi, journée plus calme, vous aurez moins besoin de réconfort, alors c'est plutôt lui qui vous appelle, vous accueille et vous presse sur sa poitrine. Mercredi, autre chose, une tonalité différente encore pour la prière... Vous en avez pour des années avant d'épuiser cette seule peinture de Rembrandt.

J'emploie le même geste depuis longtemps. Comme pour ma petite formule, je me dis souvent que je devrais changer une fois de temps en temps, mais... c'est toujours la même qui revient. Et pourtant ce n'est jamais exactement la même. L'amour n'est-il pas toujours neuf, même s'il emploie toujours le même vocabulaire et la même gestuelle ? Quand j'explique cette façon de prier à un groupe, il y a souvent quelqu'un qui vient me voir après l'entretien pour me dire, en catimini :

— Je priais déjà comme ça, mais je n'ai jamais osé en parler de peur de passer pour détraqué.

— Rassurez-vous, vous êtes normal. L'amour, quel qu'il soit, même pour Dieu, finit toujours par s'exprimer de cette manière, à son corps défendant s'il le faut. L'amour est inventif. Au fond, tout est permis à celui qui aime.

Souvent il se trouve un autre auditeur qui a de plus en plus les yeux en accent circonflexe, à mesure que l'exposé se déroule. Excédé, il finit par lâcher :

— Allez donc... On ne fait pas des choses comme ça avec le Bon Dieu !...

Un privilège, grâce à l'incarnation

— Mais oui, justement.

Et cela grâce à l'incarnation. Vous auriez raison si Dieu ne s'était pas fait homme. Se faisant homme en Jésus, Dieu devient accessible : il a un corps, un visage, une voix, le même langage que nous. En Jésus-Christ, ce chemin se fait dans les deux sens : celui de Dieu vers nous et celui de nous vers Dieu.

Comme chrétiens, nous croyons que Dieu, le Transcendant, le Tout-Autre, l'Inconnaissable, s'est fait connaître dans un corps d'homme, celui du Christ, en qui réside la plénitude de la divinité (*Col* 2,9), qui est « l'image du Dieu invisible » (*Col* 1,15). « Le Verbe s'est fait chair et il a habité parmi nous et nous avons vu sa gloire. » (*Jn* 1,14) Il a donc pris ce chemin-là pour venir vers nous. Et nous croyons aussi que nous ne pouvons aller à Dieu qu'en passant par ce même chemin qu'est l'humanité de notre Seigneur. Le Christ ne dit-il pas de lui-même qu'il est le Chemin et que nul ne va au Père sans passer par lui (*Jn* 14,6). « Qui me voit voit aussi mon Père. » (*Jn* 14,9)

Il est bien entendu que les juifs, par exemple, ou les musulmans, ne peuvent, au sens strict, prier exactement comme nous, en donnant à Dieu les possibilités d'un langage corporel pour se communiquer. Certes, ils parlent de Dieu comme ayant des « yeux qui voient » et des « mains qui agissent avec puissance ». Mais ils ne sont pas dupes de leurs propres mots : ils savent bien que ce sont des anthropomorphismes, des « façons de parler ». L'Ancien Testament dit aussi que Dieu a des « ailes[74] » pour nous abriter… Leur refus de représenter Dieu par des images faites de main d'homme est plus que significatif de leur théologie sur ce point : Dieu est au-dessus de toute connaissance et de toute visibilité et ne peut donc être figuré par une image.

Les chrétiens ont adopté une toute autre attitude : c'est que l'Invisible a pris corps et visage. On l'a vu, entendu, touché. Il est mort puis ressuscité dans sa chair. Il était, il est toujours à la fois vrai Dieu et vrai homme.

Mais il est difficile d'accepter l'incarnation ! Je viens de l'illustrer en ce qui concerne la prière. Oser toucher Dieu… Mais ça ne se fait pas ! Sacrilège !

On pourrait faire de même en regardant l'histoire de l'Église. Prenez la célèbre querelle iconoclaste[75] en Orient. L'icône est un témoignage rendu à l'incarnation. On devrait pouvoir représenter Dieu puisqu'il a voulu se rendre visible, et on devrait légitimement, pour la même raison, pouvoir passer par l'icône pour lui rendre hommage. Il suffit de distinguer la *vénération* rendue à l'image et l'*adoration* rendue à Dieu seul. Mais qu'a-t-il fallu de combats pour en arriver là !

74. *Ps* 17,8 ; 52,7 ; 63,8. Etc.

75. Le mot signifie « briseur d'images ». La crise iconoclaste suscita pendant plus d'un siècle (726-843) des vagues successives de violences et de persécutions au sein de l'Église Byzantine. Suscitée par les dévotions populaires à l'égard des icônes, elle opposa deux conceptions théologiques à propos des images du Christ. Selon la première, ces images étaient nécessairement hérétiques puisque, de nature matérielle, elles séparaient ou confondaient les deux natures, humaine et divine, du Sauveur. Selon l'autre conception, dont Jean Damascène fut le grand théologien, les icônes sont des signes visibles de la sanctification de la matière rendue possible par l'incarnation du Christ. Le concile de Nicée II condamna l'iconoclasme comme une hérésie.

En Occident, ce n'est guère mieux. Thérèse d'Avila raconte[76] qu'elle avait, sous la conduite de Dieu, atteint un haut degré de contemplation en s'attachant à la passion du Seigneur. N'oublions pas qu'elle est du même siècle que l'art réaliste espagnol qui excella dans les représentations du Christ flagellé et crucifié. Voilà qu'elle tombe sur « certains livres sur l'oraison » qui « recommandent beaucoup d'éloigner toute imagination corporelle et de s'élever à la contemplation de la Divinité », car « cela empêche d'atteindre à la contemplation la plus parfaite ». « Puisque tout est esprit dans cette pratique (de la contemplation), n'importe quoi de corporel (même l'humanité du Christ) peut la gêner ou l'empêcher ». Elle qui aimait tant tenir compagnie à Jésus à Gethsémani... Voilà que cela lui est déconseillé.

Dans un premier temps, elle suit ces instructions. Elle erre... Puis le doute s'éveille en son esprit. Certes, elle admet que « Dieu conduit les âmes par beaucoup de chemins et de voies ». Elle conclut néanmoins : « À mon avis, ils font erreur. » Elle considère que c'est une grande grâce « lorsque le Seigneur lui permet de se tenir au pied de la croix avec saint Jean ». « Ne pas essayer de toutes nos forces d'avoir toujours devant les yeux cette humanité sacrée, c'est vivre l'âme en l'air. » « Nous ne sommes pas des anges, nous avons un corps. » « Notre pensée doit avoir d'ordinaire un point d'appui. »

« C'est un très bon ami que le Christ, car nous voyons l'Homme en lui [...] et il nous tient compagnie ; si on en prend l'habitude, il nous est très facile de le trouver près de nous. » Finalement, elle conclut : « Ne cherchez point d'autre chemin, alors même que vous seriez au sommet de la contemplation. »

76. Dans son autobiographie, chapitre XXII, paragraphes 1 à 6. Pour les citations qui suivent, dans les *Œuvres complètes,* traduction de Marcelle Auclair, Desclée de Brouwer, 1964, p. 147-150.

Ce n'est pas seulement l'incarnation du Verbe qui se perd dans la brume, c'est aussi de notre propre condition corporelle. La pensée anthropologique contemporaine nous enseigne que non seulement nous «avons un corps», mais que, plus exactement, nous «sommes un corps». Et la psychologie renchérit en démontrant que jusqu'à 60% de notre langage est non verbal. Donc corporel.

On peut dès lors présumer que le corps aurait aussi une place non négligeable dans l'aventure spirituelle. L'être humain, du moins pour l'instant, n'existe pas en dehors ou à côté de son corps. Nous en avons besoin pour exprimer tout ce que nous vivons au plus intime de nous-mêmes. Nos amours en premier lieu. Nous pouvons en déduire alors que nous avons tout autant besoin de notre corps que de nos facultés spirituelles pour activer notre vie intérieure. Le chemin pour promouvoir cette intériorité, de quelque nature qu'elle soit, passe nécessairement par le corps.

Il semble que nous ayons tendance à gommer cette réalité dès que nous nous mettons en prière. En effet, ce serait tellement plus simple d'être purs esprits, d'être débarrassés de cette carcasse encombrante. La preuve? Allez voir n'importe quel directeur spirituel (comme on disait autrefois), dites-lui que vous ne parvenez plus à prier comme il faudrait et demandez-lui un conseil. Il va vous répondre invariablement quelque chose comme ceci: «Concentrez-vous davantage» ou «Ne pensez qu'à Dieu et repoussez tout le reste». Je traduis: «La prière se fait entre les yeux et la casquette.» Mais non. Aimer concerne tout l'être. Âme et corps. Peut-être surtout le corps.

Il faut apprendre à sortir la prière de notre tête. Au début, cela va toujours, mais après un certain temps, la tête n'est plus un très bon endroit pour prier. Quittez la zone du raisonnement pour élargir et approfondir. Rappelons-nous: «Pas beaucoup penser, mais beaucoup aimer.»

Évidemment, prier de cette façon, cela pose des inconvénients. Ne soyez pas surpris si les mots, les images, les gestes que vous employez font référence à des expériences affectives que vous avez déjà vécues en d'autres circonstances. Pour le meilleur et pour le pire. Cela est dû au fait que chacun d'entre nous possède en propre un certain « vocabulaire », forgé au fil de son existence affective. C'est avec ce registre tout personnel, nécessairement restreint, remontant souvent à notre enfance, que nous exprimons nos émotions, nos attachements et nos rejets. Prier étant tout simplement une des modalités de l'expression amoureuse, nous ne pouvons faire autrement qu'employer ce vocabulaire qui nous est propre.

Si vous avez eu, dans votre enfance, une relation perturbée avec votre père, l'image de Rembrandt ne sera pas la plus judicieuse à employer pour exprimer votre relation avec Dieu. Pas de panique, prenez-en une autre, tout simplement.

Si vous êtes marié, il est fort probable qu'à un moment ou l'autre, des mots ou des gestes que vous utilisez avec votre conjoint surgiront dans cette forme de prière. Le contraire serait surprenant. En prendre conscience vous permettra d'en user à bon escient[77].

77. Se pose ici la question de l'irruption éventuelle de l'érotisme dans la démarche. Je crois qu'il faut, quand on en prend conscience, cesser la prière sur-le-champ (puisqu'il y a déviation et que ce n'est pas cela qui est visé), passer à d'autres occupations et reprendre la prière du lendemain en y mettant la pédale douce.

À ma connaissance, c'est un phénomène très rare chez les hommes, mais plus susceptible de survenir chez les femmes parce que *(1)* Jésus, cherché dans la prière, est de sexe masculin, *(2)* la sexualité étant plus diffuse chez la femme que chez l'homme et plus difficile à séparer de la simple tendresse, il est plus facile de glisser de la seconde vers la première.

La pire erreur serait de nier systématiquement le fait. Reconnaître, sans s'y attarder, que les jouissances du corps sont un aspect de l'expérience de la haute mystique est un signe de santé spirituelle. Une sexualité qui serait refoulée en

Où est-il ton Dieu ?

Un dernier point encore. Lorsqu'il vous arrive d'avoir, un moment, le sentiment de la présence de Dieu, à quel endroit cette présence est-elle perçue ? Je sais bien que Dieu est présent partout. Ma question relève simplement de la perception subjective que vous en avez. La manifestation (ressentie subjectivement) de Dieu, à vous adressée, fait que vous vous « tournez vers lui ». Dans quelle direction ? Telle est ma question.

La plupart des exemples que j'ai donnés jusqu'ici (poser son front sur la croix, enlacer les jambes du crucifié, s'asseoir à ses pieds, s'appuyer sur sa poitrine, déposer ses mains entre les siennes ouvertes, etc.) supposent que Dieu est un *vis-à-vis*. Il est à chaque fois placé devant ou juste à côté. Disons que c'est, le plus souvent, Dieu le Fils.

Dans la prière chrétienne, le Fils est le *Révélateur* du Père, celui que nous regardons, écoutons et touchons pour qu'il nous le dévoile (cf. *Jn* 1,18). « Nos mains ont touché le Verbe de vie, car la vie s'est manifestée. » (*1 Jn* 1,1-2) Il est le *Bon Pasteur* (cf. *Jn* 10,11) qui nous prend par la main et nous guide. Il est la *Vigne* (*Jn* 15,5) sur laquelle il nous faut demeurer, à laquelle il faut nous accrocher. Il est l'*Ami* (*Jn* 15,15) à qui on se confie, sur qui on s'appuie, dans tous les sens du mot. Son nom signifie « Sauveur » (cf. *Mt* 1,21) : on peut se réfugier sous son manteau. Il est le *Grand Frère (Hb* 2,10-17) dont il faut tenir la main pour traverser l'épreuve.

J'ai privilégié ce type d'images parce que ce sont elles que j'utilise personnellement, et qu'il m'est ainsi plus facile d'en parler.

raison de son incompatibilité avec l'expérience de Dieu a toutes les chances de resurgir ailleurs, et sous forme pathologique cette fois. Voir, à ce sujet, les quelques pages d'Antoine VERGOTE, *Dette et désir. Deux axes chrétiens et la dérive pathologique*, Paris, Seuil, 1978, p. 165-304.

Mais je n'ai pas pour autant l'intention de les imposer *urbi et orbi...* Il se peut que, pour vous, spontanément, quand vous rencontrez Dieu, il ne soit pas tellement perçu comme un vis-à-vis, mais comme un *englobant.* Comme quelqu'un qui vous enveloppe, qui vous entoure et vous soutient. Cela varie selon les élans de l'Esprit et selon les tendances psychologiques propres à chacun. Il s'agit davantage alors, toutes proportions gardées, de Dieu le Père.

C'est lui « qui donne à tous la vie et le souffle et tout le reste » (*Ac* 17,25). C'est en lui qu'on vient puiser. C'est dans ses bras qu'on se réfugie...

Si c'est votre cas, votre tâche consistera à trouver des images correspondantes, pour soutenir votre prière avec une gestuelle qui vous convienne. À trouver votre propre « vocabulaire ». Je me souviens d'une affiche illustrant, en gros plan, un petit poussin calmement posé au creux d'une main ouverte. Vous sentir porté par la main de Dieu de cette manière, pourquoi pas ? Vous visualiser ainsi dans la prière...

Un professeur de mes amis, d'un certain âge, se surprend parfois, assis sur les genoux du Père Céleste, à se bercer avec lui. Tout enfant, il se savait aimé de ses parents. Mais comme ils étaient quatorze autour de la table et que le père avait fort à faire pour nourrir tout son monde, celui-ci n'avait guère le loisir de manifester sa sollicitude pour chacun, pris un par un. Sans compter la fatigue du jour. Et ajoutez-y la pudeur masculine. Mais quand il rentrait le soir, qu'il s'assoyait dans sa chaise berçante pour lire le journal, l'enfant se hissait sur ses genoux, entre son journal et lui. Il recevait rarement un mot de sa part, souvent une caresse, toujours un sourire d'approbation. Ces douces minutes sont restées gravées dans sa mémoire. Elles font partie d'un « vocabulaire » reçu qu'il utilise, presque sans le vouloir, pour sa prière. Mon ami se blottit contre le Père et se laisse bercer par lui.

Mais peut-être que, pour vous, Dieu n'est perçu ni comme un vis-à-vis ni comme un englobant, mais comme un *au-dedans*. Une présence intime dans votre poitrine, parfois même physiquement ressentie comme une chaleur intérieure. L'Esprit, cette fois. Celui qui nous habite. Dans ce cas aussi il vous faudra trouver des attitudes appropriées.

Il y a eu un starets russe qui enseignait, à ses disciples en prière, à garder leur esprit et leur pensée fixés sur des objets situés uniquement à l'intérieur des frontières de leur corps, à ne penser à rien qui soit en dehors des limites de leur peau. Appliqué méthodiquement, ce conseil aidait le novice à, peu à peu, vivre au-dedans de lui-même, là où justement habite l'Esprit de Dieu.

S'appuyer sur le Christ, se blottir entre les mains du Père, rentrer au-dedans de soi pour y rejoindre l'Esprit. Recommencer cela dix fois, vingt fois, cinquante fois s'il le faut. Dans sa miséricorde, Dieu ne nous laissera pas seul...

6

... marcher bras dessus bras dessous

> « Pour celui qui prie sans cesse, le monde entier devient église[78]. »
>
> Starets SILOUANE

Un des pièges courants de la vie spirituelle, c'est de perdre la présence de Dieu à nos côtés ou au-dedans de nous. Cette présence devient alors une notion abstraite, objet de nos pensées, de notre méditation. Elle n'a plus rien à voir avec notre comportement.

Concrétisez la présence de Dieu

Si vous êtes pris à ce piège, je vous suggère un moyen de vous en dégager. Un bon soir, au lieu de vous river à la télé, allez donc faire une promenade de santé. Rendez-vous au moins jusqu'au

78. Starets SILOUANE, *Écrits spirituels,* présentés par Barsotti et Lassus, Abbaye de Bellefontaine, 1976, p. 34.

centre commercial. Pas tout seul : avec le Bien-Aimé. Dès que vous avez passé la porte, prenez le Seigneur par le bras, et ne le lâchez surtout pas ! Marchez lentement avec lui. Dites-lui ce que vous avez à cœur de lui dire : votre journée, votre désir de lui, votre joie d'être avec lui un petit bout de temps.

Soit dit en passant, si vous croisez quelqu'un, ne vous préoccupez pas de ce qu'il pourra croire : la moitié des passants parlent tout seuls dans la rue. Mais vous, vous savez que vous n'êtes pas seul...

Peut-être bien que vous n'avez rien à lui dire. C'est encore mieux. Alors, taisez-vous. Ne faites rien d'autre que d'être ensemble et de marcher côte à côte. Tout votre cœur penché vers lui. Toute votre attention dirigée vers lui. Toute votre affection projetée dans sa direction, attentive à lui.

Sur mon lit, au long de la nuit,
je cherche celui que j'aime.
Je le cherche mais ne le rencontre pas.
Il faut que je me lève
et que je fasse le tour de la ville ;
dans les rues et les places,
que je cherche celui que j'aime.
Je le cherche mais ne le rencontre pas.
Ils me rencontrent, les gardes
qui font le tour de la ville :
« Celui que j'aime, vous l'avez vu ? »
À peine les ai-je dépassés
que je rencontre celui que j'aime.
Je le saisis et ne le lâcherai pas[79].

79. *Ct* 3,1-4 (TOB). Je souligne.

Pendant la demi-heure de marche, le temps de faire l'aller-retour du centre commercial (ou la durée du téléroman, si vous préférez), ne soyez qu'à lui, ne soyez qu'avec lui. Posez votre tête sur son épaule, reposez-vous sur lui, fermez les yeux à moitié (pas trop pour voir quand même les lampadaires), serrez-le contre vous.

Je te rencontrerais dehors, je t'embrasserais :
cependant les gens ne me mépriseraient pas.
Je te conduirais ; je te ferais entrer chez ma mère.
Tu m'initierais ;
je te ferais boire du vin aromatisé,
de mon jus de grenades.
Sa gauche est sous ma tête,
et sa droite m'enlace[80] !

L'important c'est de concrétiser. Ce n'est pas une démarche de la pensée, ni même à proprement parler de l'imagination, c'est une démarche de toute la personne qui veut être avec quelqu'un qui est aimé. Concrétisez jusqu'à ce que votre *affectif* embarque.

C'est plus facile à faire qu'il ne semble. Plus facile que quand on est dans une chapelle, car on est plus libre dans son comportement, moins figé par le décor. On a moins peur de passer pour un cinglé si un soupir ou un mouvement nous échappe.

Allez, je vous mets au défi de faire cela pendant une demi-heure, deux ou trois fois par semaine, sans que le Christ ne vous rejoigne en face de l'épicerie. Commencez dès ce soir. Dites à votre conjoint que vous allez faire une marche bras dessus bras dessous avec votre amoureux. La pire chose qui puisse vous arriver, c'est qu'il engage un détective privé pour vous faire surveiller.

80. *Ct* 8,1-3 (TOB).

Une femme, élevée dans la foi orthodoxe mais peu fervente, connut, après son veuvage, une conversion. Et cette conversion avait ceci de particulier qu'elle a consisté à découvrir que le Christ était constamment auprès d'elle. Alors, comme elle vivait seule, elle a peu à peu pris l'habitude de parler familièrement à Jésus. En faisant son ménage, en préparant ses repas. Elle lui passait ses commentaires sur ses rencontres, ses soucis et ses joies. Bref, alors que chacun la croyait seule à la maison, en fait, ils étaient deux.

Mais voilà qu'un beau jour elle sortit de chez elle, plus préoccupée que d'habitude par sa liste d'épicerie, et ce n'est qu'une fois rendue sur le trottoir qu'elle sursauta, la main sur la bouche et les yeux tout grands :

— Oh ! J'ai oublié d'emmener Jésus !

Quelle affaire ! Elle s'en retourna, rouvrit la porte, passa jusqu'à mi-corps dans l'encadrement :

— Alors, Jésus, tu viens ?

Pour repartir... mais tous les deux cette fois. Du moins on peut le supposer.

C'est caricaturé. On pourrait se moquer de sa naïveté. Mais elle n'avait pas de problèmes dans sa vie de prière. En ce sens elle pourrait nous en remontrer, même si on vient de la surprendre en flagrant délit « d'avoir une distraction ». Comparé à elle, j'avoue que, pour ma part, c'est tout mon quotidien qui est une distraction presque continue et qu'on ne me surprend que peu fréquemment en délit « d'être en prière ». Et plus rarement encore « d'être avec Jésus » au même degré qu'elle.

D'autres exemples, juste pour varier. Vous êtes en voiture, seul. Un trajet que vous faites à tous les jours et que vous connaissez par cœur. Tellement routinier qu'au feu rouge, toujours le même, vous reconnaissez d'autres automobilistes, toujours les mêmes, qui parcourent le même trajet que vous, à la même heure que vous.

Faites de ce voyage solitaire une promenade à deux avec votre Bien-Aimé. Placez-le à côté de vous… et chantez-lui un cantique ou une hymne liturgique. Choisissez un chant qui vous touche, qui éveille quelque chose en vous, que vous avez vraiment le goût de lui chanter. On a tous nos préférences.

Je dis un cantique, mais pourquoi pas une simple chanson d'amour profane que vous transposez au mode mystique ?

Que serais-je sans toi,
qui vins à ma rencontre[81] ?…

Je voudrais te dire combien je t'aime
Mais non avec les mots de tous les jours
Je voudrais pour toi faire un poème
qui serait plus beau que l'amour[82].

Pourquoi pas ? Le fait de chanter, la chanson elle-même, de par son rythme et sa mélodie, éveillent facilement des sentiments et des émotions. Alors pourquoi ne pas s'en servir pour les canaliser vers celui dont vous voulez faire votre Amoureux ? Notre éducation chrétienne nous a davantage habitués à étouffer qu'à utiliser nos élans affectueux… Profitez de vos déplacements habituels pour susciter un semblable compagnonnage. Je me souviendrai toute ma vie de mes voyages d'étudiant dans le métro, avant d'entrer au monastère. C'était un trajet assez long, toujours le même, matin et soir, que je connaissais par cœur. J'en profitais pour voyager à deux. Je crois que je n'ai jamais, depuis ce temps, retrouvé d'occasion aussi propice, même ici, au monastère. Ni trouvé de recette plus efficace pour prier.

81. Louis Aragon mis en chanson par Jean Ferrat.
82. Paroles et musique de Georges Dor.

Un quotidien avec lui

Pas nécessaire que ces rencontres « concrètes » avec le Seigneur tout proche se fassent en dehors de la maison et en dehors de l'habituel.

Disposez une petite icône sur votre table de chevet. Le soir, en vous couchant, regardez-le un instant, remettez-vous entre ses mains. Pas en pensée seulement, mais de façon concrète encore une fois. Faites de votre lit, dans lequel vous vous glissez pour la nuit, les deux mains jointes de Dieu au creux desquelles vous vous endormez. De vos couvertures, sa main qui vous borde.

Durant une heure d'insomnie, reposez-vous sur l'oreiller comme sur son épaule. Fermez les yeux pour bien vous blottir sur lui. L'oreiller peut devenir pour vous le Bien-Aimé sur lequel vous cherchez à vous appuyer.

Vous êtes à faire vos courses ? Vous passez par la pharmacie ? Le soleil qui vous réchauffe le visage et le corps, voyez-y l'amour du Père qui vous embrase de sa chaleur. C'est le vent qui souffle et qui vous caresse le visage ? Voyez-y l'Esprit qui vous enveloppe, vous pousse, secoue vos vieilles poussières.

Vous mettez à jour votre comptabilité ? Vous préparez le repas ? Laissez-lui une petite place à vos côtés. Demandez-lui de vous tenir compagnie.

Je donne des pistes, à chacun de trouver des lieux et des moyens pour que le Seigneur devienne une présence véritable, j'allais dire concrète et palpable.

Même dans la vie monastique le travail peut devenir accaparant. Et si le moine n'arrive pas à vivre, et surtout à travailler en présence de Dieu, il est foutu. Comme responsable du verger de ma communauté, j'ai appris, à ma grande désillusion, que les insectes ravageurs sont les mêmes chez nous que chez les voisins, sans égards à notre mode de vie, et que les contraintes du marché sont les mêmes pour tous.

Je suis donc constamment tiraillé entre deux exigences. D'un côté, la prière qui me prend du temps et m'empêche de faire le travail que je dois faire absolument au-dehors. De l'autre, le travail qui constamment gruge sur le temps que je voudrais donner à la prière, pour laquelle je me suis fait moine.

Il n'y a qu'une solution : *prier en travaillant.* Ce qui ne veut pas dire réciter son chapelet sans arrêt. Ce n'est pas possible. Je vais finir par foncer sur un pommier en tracteur. De quoi me guérir de l'envie de réciter des Ave pour le restant de mes jours. Il s'agit de travailler bras dessus bras dessous avec lui. Il faudrait qu'il y ait deux personnes dans la cabine du tracteur : une visible, moi, et une invisible, lui.

Vous avez sûrement déjà vu une photo d'un réfectoire de monastère. Comme vous pouvez alors le constater, les moines mangent assis d'un côté de la table seulement, la place en face demeurant inoccupée. Je me suis moulé, comme novice, dans cette façon de faire sans me poser de questions, jusqu'au jour où j'ai eu l'occasion de faire un séjour dans un monastère qui avait délaissé cette coutume. Je prenais mes repas avec la communauté, un bon moine assis en face de moi, d'allure fort sympathique. Il faut dire que nous mangeons en silence. Mais ce qu'il me fatiguait ce saint homme ! Il n'avait pas d'affaire là ! Il était à plus d'un mètre de distance mais j'avais l'impression qu'il pigeait dans mon assiette. J'avais beau essayer, pas moyen de faire comme s'il n'était pas là !

J'ai mis mon malaise sur le dos d'un de mes réflexes de « vieux garçon encroûté ». Jusqu'à ce que je me rende compte qu'effectivement il prenait la place de quelqu'un. De Quelqu'un plutôt. J'avais fait mienne, sans m'en rendre compte, cette antique tradition de prendre mon repas *avec lui.* « Si quelqu'un entend ma voix et ouvre la porte, j'entrerai chez lui et je prendrai mon repas avec lui et lui avec moi. » (*Ap* 3,20)

On peut faire des prières sans prier. Ça m'arrive. On peut aussi prier sans faire de prières. Je voudrais que ça m'arrive plus souvent.

Transformez vos petites pauses en petits déserts

On cherche trop souvent à avoir *des heures entières* disponibles pour prier. Mais il n'arrive que rarement qu'on ait une de ces heures où, premièrement, on n'a rien à faire, et où, deuxièmement, on a envie d'aller prier. Le plus souvent, soit qu'on ait une heure de libre, mais on n'a pas envie de prier, soit qu'on ait envie de prier, mais on ne dispose pas de l'heure qu'il nous faudrait.

Par contre, chacune de nos journées est jalonnée par des petits déserts, c'est-à-dire des petits instants entre deux occupations qui *peuvent* devenir des plongées dans la présence de Dieu. De courts instants où, la plupart du temps, on flâne, mais où on pourrait apprendre à le regarder. De petites pauses qu'on peut soit utiliser, soit gaspiller.

Levez les yeux vers lui pendant que le plat est dans le micro-ondes ; pendant que vous attendez que le téléphone se libère ; lorsque vous attendez l'autobus ; alors que vous changez d'étage, dans l'ascenseur.

La vie moderne nous laisse, malgré tout, une série de petites occasions de faire un petit clin d'œil au Seigneur, juste en passant. Mais nous les laissons filer. Nous sommes un peu comme le héron de la fable de La Fontaine qui cherchait de quoi manger le long d'un cours d'eau. Le matin, il dédaigna une noble carpe, car il n'avait pas encore assez d'appétit. Plus tard dans la journée, il ne trouva pas un poisson qui, même plus vulgaire, aurait été digne de lui. Rendu au soir, il aurait bien voulu trouver quelque menu fretin, mais dut se contenter d'une insignifiante limace.

Nous attendons d'avoir une heure complète de disponible. Dieu a prévu pour nous de petits instants, comme de petits sandwiches, là, sur le coin du bureau, mais nous attendons une invitation officielle au restaurant pour un repas avec entrée, hors-d'œuvre, plat principal et dessert. Toute une heure avec rien d'autre au menu que de le rencontrer. Mais cette heure risque de ne pas nous être donnée, et nous finirons notre journée sans avoir prié.

Repérez les menus espaces disponibles, reconnaissez d'avance les moments les plus favorables. Créez-les s'il le faut. « Celui qui n'a pas une demi-heure a peut-être trois fois dix minutes ou même dix fois trois minutes[83]. » Tel travail si urgent sera-t-il complètement chambardé si vous prenez deux minutes d'intériorisation avant de le commencer ? Retrancher cinq minutes de votre sommeil, le matin ou le soir, cela nuira-t-il sérieusement à votre santé ? Le balai ou l'ordinateur pourraient-ils attendre un petit instant sans que le ciel vous tombe dessus ?

Madeleine Delbrêl[84], qui était une grande fumeuse, avait l'habitude, avant d'engager une conversation, d'allumer en silence une cigarette et d'en prendre une bouffée. Quand une de ses compagnes l'interrogea sur cette « petite manie » elle répondit :

— Ça me donne quelques secondes pour mettre Dieu dans le coup.

Une fois trouvé (ou créé) un petit désert, comment l'employer au mieux ? « Moi, bâti comme je suis, qu'est-ce qui me permet d'aller le plus vite à Dieu ? ...en trente secondes ? » Regarder le

83. Jean-Marie PERRIN, *Vivre avec Dieu,* Paris, Aubier, 1957, p. 52.

84. Madeleine Delbrêl (1904-1964) se convertit de l'athéisme à l'âge de 29 ans et s'engagea alors comme travailleuse sociale dans la banlieue ouvrière de Paris, où elle dialogua avec le marxisme. Contemplative et active à la fois, elle vivait d'une foi rayonnante.

paysage par la fenêtre ? Reprendre le mot-prière, le geste-prière ? Une formule plus élaborée comme le Pater ? Pensons à l'Angélus d'autrefois... Regarder un crucifix ?

Ou simplement se mettre à genoux, sans rien dire ? C'est beau la prière du corps. S'immobiliser un instant. Arrêter de courir pour se recueillir.

Bien entendu, ce n'est pas facile. Ces petits déserts, il faut les gagner, ils ne se donnent pas. Il faut forcer un peu les habitudes, briser les paresses.

De plus, ne soyez pas surpris si toutes sortes d'ennemis s'y opposent. Depuis les temps bibliques, on sait que les démons habitent le désert. Si vous essayez de créer de petits déserts, attendez-vous aussi à ce que surgissent de petits démons. L'« Impatience », par exemple : quand on doit attendre on tape du pied plus spontanément qu'on ne prie. Ou le démon « Rêverie » : quand le mental n'est pas occupé, il voyage. « Lassitude » aussi : trop fatigué pour se ressaisir. Surtout la horde contemporaine des démons « bouche-trous » qui sont légion et se reconnaissent à leur chant, comme les sirènes de la mythologie grecque. L'un d'eux s'appelle « Télé », un autre « Radio », d'autres encore « Walkman » et « Musique de Fond ». Probablement que vous les connaissez. Il y en a même un qui s'insinue dans l'appareil de téléphone quand la ligne est en attente ; il s'appelle, celui-là « Musique Sirupeuse ». Ils sont les complices d'une société qui a peur du silence. Voire peur de l'intériorité.

Il faudra bien accepter un petit combat contre eux. Préférer Dieu impliquera toujours une petite lutte quotidienne, lassante, sans héroïsme et souvent... sans grand succès.

Des signes concrets de sa présence

Nous avons désappris à passer par des signes visibles qui nous rappellent sa présence, sous prétexte de foi « adulte ». À regarder une image. À vénérer d'un baiser une icône. À mettre une rose au pied d'une statue de la Madone. On se donne pour défaite : « C'est pour les enfants. C'est pour les pauvres. » On oublie qu'on est tous des pauvres dans la prière. Que nous devrions tous devenir comme de petits enfants (*Mt* 18,4). Les grands saints ont tous embrassé des crucifix. C'était parfois la seule chose qu'ils pouvaient encore faire quand ils étaient sur leur lit de mort.

On m'a raconté l'épreuve d'un moine qui avait passé par une terrible nuit de la foi. Incapable de vivre la liturgie. Incapable de prier seul. Incapable de faire la moindre lecture profitable. La seule chose qu'il pouvait faire, pendant les trois ou quatre heures quotidiennes réservées explicitement à la prière dans un monastère, c'était de regarder une icône de la Vierge. Il s'assoyait dans un coin, mettait l'icône sur ses genoux et la regardait. Il a fait cela et rien que cela, pendant des heures, jusqu'à ce que la Mère de Dieu le reconduise petit à petit jusqu'à son Fils.

Il y a de grands malades qui sont dans un état semblable. Incapables de faire quelque méditation : ils tombent endormis. Incapables de lire : leurs yeux sont trop usés. Il ne reste plus que le recours à des prières très simples, soutenues par des signes tangibles. Une petite plaque sur laquelle on retrouve les quatorze stations du chemin de croix, par exemple. Juste ce qu'il faut pour faire ce que j'appelle « le chemin de croix minimum » puisqu'ils sont incapables de le parcourir, faute de jambes :

— Première station : Jésus est arrêté... Pour moi... Jésus je t'aime.

Et d'embrasser la station. C'est là le plus important. Puis de passer à la seconde.

> [Un prêtre visite un malade.] Il remarqua une chaise vide près de son lit et lui demanda ce qu'elle faisait là. Le malade lui répondit : « J'ai placé Jésus sur cette chaise et j'étais en train de lui parler quand vous êtes entré… Pendant des années, je trouvais extrêmement difficile de prier, jusqu'à ce qu'un ami m'explique que la prière consiste à parler à Jésus. Il m'a dit de placer une chaise vide près de moi, d'imaginer Jésus assis sur cette chaise, de lui parler et d'écouter ce qu'il avait à répondre. Depuis lors je n'ai pas eu de difficulté à prier. »
>
> Quelques jours plus tard, la fille du malade est venue au presbytère informer le prêtre que son père était mort. Elle a dit : « Je l'ai laissé seul pendant quelques heures. Il avait l'air si serein. Et quand je suis rentrée dans la chambre, je l'ai trouvé mort. Mais j'ai remarqué quelque chose d'étrange : sa tête, au lieu de reposer sur son lit, était appuyée sur la chaise à côté[85]. »

C'est la différence qu'il y a entre « penser à l'abandon » et « faire un acte d'abandon ». Figurez-vous que Jésus se tient près de vous au cours de vos occupations quotidiennes. Parlez-lui souvent. Agissez comme s'il était là où vous l'imaginez. Regardez-le, appuyez-vous sur lui. C'est un excellent moyen de faire une intense expérience de la présence vivante du Ressuscité.

Vous allez me dire : « C'est trop humain. » Mais enfin, qu'est-ce que Dieu est venu sauver ? Avec qui a-t-il fait alliance ? Qui a-t-il appelé à sa rencontre ? Des cerveaux sur pattes ? Des matières grises désincarnées ?

Ne serait-ce pas plutôt des êtres humains tout entiers, avec un cœur, une âme, une raison, une sensibilité… Il y a une immense différence entre un *cerveau* qui *pense* à un *attribut de Dieu* et un *être*

85. Anthony DE MELLO, s.j., *Sadhana. Un chemin vers Dieu*, Montréal/Paris, Fides/Desclée de Brouwer, 1983, p. 108.

humain tout entier qui *rencontre* un *Dieu réel.* La prière, ce n'est pas un cerveau qui se concentre sur une idée. C'est tout moi-même qui entre en relation avec un Dieu réel et vivant qui m'aime et que j'aime. Et non pas seulement auquel « je pense ». Non seulement je pense à lui, mais je vis avec lui, à côté de lui, plongé en lui et habité par lui.

7

... chercher à toujours mieux aimer

> « L'amour qui ne veut pas être total, l'amour qui ne souffre pas d'être encore imparfait n'est pas l'amour[86]. »
>
> Yves de Montcheuil

Quand on est amoureux et qu'on veut savoir si notre amour est partagé, on effeuille une marguerite : ...m'aime, ...m'aime pas, ...un peu, ...beaucoup, ...pas du tout, ...passionnément. Ce n'est pas une méthode très scientifique, mais à défaut de mieux... Après tout, si elle ne me permet pas d'en savoir beaucoup sur le sentiment de l'autre, elle est au moins un bon indice du mien : quelque chose de nouveau me préoccupe. Quelqu'un m'habite assez pour que je prenne le temps de m'amuser avec une fleur. Bon signe.

86. Yves de Montcheuil, *Problèmes de vie spirituelle*, Paris, Epi, 1963, p. 80.

On n'effeuille pas de marguerite quand on prie. On devrait pourtant. Ce ne serait pas une méthode très scientifique pour savoir si Dieu nous aime, j'en conviens. Mais cela on n'est pas obligé de le deviner, on le sait déjà. Ou plutôt, il nous l'a dit, par son Fils, dans l'Évangile. Donc, c'est acquis, lui, il nous aime. Mais est-ce que nous, nous l'aimons ? La question ainsi posée, se surprendre avec une marguerite devant le tabernacle serait un excellent indice pour une réponse positive. Alors, je prie, ...prie pas, ...prie mal, ...prie peu, ...pas du tout, ...passionnément ?

Pour pouvoir répondre, il nous faut, encore une fois, passer par le biais de l'expérience amoureuse. Faisons un détour.

Les trois composantes de l'amour[87]

Toute expérience amoureuse comporte trois composantes. Il y a tout d'abord le *plaisir.* Il comprend ce qui est de l'ordre de l'attirance physique, de l'érotisme et de la sensualité, au sens le plus large. Ce qui inclut tout un éventail qui va de la chaleureuse poignée de mains jusqu'à la relation sexuelle.

Il y a ensuite l'*affection.* Entendons par là tout ce qui est sympathie, estime mutuelle, chaleur, tendresse, bienveillance, etc. C'est le sentiment d'être bien avec quelqu'un, l'impression d'être accueilli et de pouvoir échanger avec lui sans se sentir jugé.

Finalement le *choix*, qui fait entrer les valeurs, l'éthique. C'est le choix qui opère un certain discernement dans le vécu, parfois contradictoire, et qui va mettre en œuvre l'option retenue. Par exemple, l'érotisme, un aspect du *plaisir*, pourra tirailler la personne dans telle ou telle direction, mais si elle veut grandir dans la maturité et aimer de façon adulte, le *choix* devra orienter son

87. Pour cette section, j'emprunte à Yves SAINT-ARNAUD, *J'aime*, Montréal, Éditions de l'Homme, 1978.

comportement en écartant certaines manières d'agir et en en privilégiant d'autres[88].

PLAISIR : « Je trouve cela très agréable d'être avec toi. »

AFFECTION : « Je peux partager avec toi mon vécu et mes émotions. »

CHOIX : « Je m'engage envers toi à cause de certaines de mes valeurs. »

Pour qu'il y ait *amour véritable*, les *trois composantes sont nécessaires.* S'il en manque une ou plusieurs, ce ne sera pas un amour complet.

Prenons le cas d'une relation client-prostituée. Le client limite la relation uniquement au niveau de la composante *plaisir.* Il n'a aucun lien *d'affection* avec cette femme de passage. Il ne fait pas de *choix* non plus, puisque n'importe laquelle ferait l'affaire. Cette relation n'est donc pas une relation amoureuse puisque deux des trois composantes nécessaires sont absentes.

PLAISIR : « C'est la seule chose que je recherche. »

AFFECTION (absente) : « Je ne veux pas m'attacher à toi. »

CHOIX (absent) : « Toi ou une autre, peu importe. »

Une autre situation possible est celle d'une personne incapable de communiquer son monde intérieur à autrui, de partager, d'échanger. Ici le blocage est au niveau de la composante *affection.* L'exemple classique est celui de cet homme, passant une soirée entre copains, jouant aux cartes depuis des heures, une bière à la main, ce qui aide à parler, et qui finit par leur confier, la griserie aidant :

— Les gars, vous pouvez pas savoir combien je vous aime...

Et d'ajouter, un voile dans la voix :

88. Les trois composantes en question recoupent assez bien les trois formes d'amour que les anciens penseurs grecs avaient nommées *Eros, Philia* et *Agapè.*

— Le problème, c'est que je ne peux absolument pas dire la même chose à ma femme. Pourtant, je l'aime en diable...

PLAISIR : « Je suis attiré vers toi et on est bien ensemble. »

AFFECTION (problématique) : « Je suis incapable d'exprimer la tendresse que je ressens pour toi. »

CHOIX : « Je m'engage envers toi à cause de certaines de mes valeurs. »

Donc, la présence des trois composantes est toujours nécessaire pour que l'expérience amoureuse en cours soit complète. Mais, si on veut nuancer un peu le tableau, il faut ajouter que, selon le type d'expérience, une des trois composantes va dominer par rapport aux deux autres. Autrement dit, une sera vécue avec des majuscules alors que les deux autres le seront avec des minuscules seulement. Et cela selon le genre de relation amoureuse dans laquelle la personne se trouve engagée.

Ainsi, dans une aventure « coup de foudre », l'intensité sera du côté du *plaisir*:

PLAISIR : « Je trouve cela merveilleux de t'avoir rencontré et de pouvoir être près de toi. »

AFFECTION : « Je ne te connais pas encore vraiment faute d'avoir échangé en profondeur avec toi. »

CHOIX : « Je n'ai pas vraiment décidé d'établir cette relation, elle s'est comme imposée à moi. »

Un malin disait qu'en amour ce sont les commencements qui sont délicieux, et que c'est à cause de cela qu'on recommence toujours. Il n'avait pas tort, parce que, avec le temps, il faudra creuser, intégrer les deux autres composantes pour parvenir à un amour achevé. Ce qui exige un effort soutenu. Comme c'est laborieux, on préfère recommencer avec un autre partenaire, par la partie la plus agréable, bien entendu.

C'est vrai même pour la prière. Prier, c'est plaisant la première semaine qui suit la conversion. Beaucoup moins les cinquante années qui suivent.

Dans une relation d'amitié, cette fois, ce sera la dimension *affection* qui va prendre le dessus : le partage, l'être ensemble, la compréhension mutuelle.

PLAISIR : « Ta présence m'est agréable, mais non indispensable. »

AFFECTION : « Nos échanges me font grandir ; nos partages m'aident à vivre. »

CHOIX : « J'accepte d'investir dans notre relation. »

À la surprise de plusieurs sans doute, j'ajoute que la relation conjugale est à classer dans la présente catégorie : bâtie sur l'affection. C'est pourquoi, dans les thérapies conjugales de tout poil, on fait travailler les conjoints sur l'amélioration de la communication de leur vécu émotif. « Apprenez à dire ce que vous ressentez. Exprimez ce que vous vivez au-dedans. Contrairement à ce que vous croyez, votre partenaire ne peut pas le deviner[89]. » Pas bête pour la prière. Même si Dieu, lui, devine.

Dans l'amitié, le *plaisir* n'est pas totalement absent : il y a une certaine chaleur qui se dégage des poignées de mains, des touchers et des claques dans le dos. De même, le *choix* est présent aussi : on ne devient pas ami avec n'importe qui.

Sauf si on est adolescent : c'est l'âge par excellence de l'amitié, mais on a parfois, à cette époque, des amitiés fort peu recommandables. Les dimensions *plaisir* et *affection* prennent des proportions toutes nouvelles, inconnues jusqu'alors, tandis que la capacité de

89. Les thérapeutes enseignent alors à commencer les phrases par « je » au lieu de « tu ». À dire non pas : « *Tu* arrives toujours en retard pour souper… », mais : « *Je* me sens frustrée quand tu n'es pas à l'heure pour le souper… »

choix, par contre, n'est pas encore parvenue à maturité. Ce qui fait que les parents s'arrachent les cheveux à certains jours.

C'est encore cette même capacité de *choix* éthique qui intervient quand une relation amicale avec une personne du sexe opposé devient trouble. Dans cette relation où l'*affection*, au sens d'échange interpersonnel, dominait, le *plaisir* commençant à prendre trop de place, le *choix* devra intervenir pour clarifier. « Ou bien je m'engage dans un nouveau type de relation avec cet ami en question ; ou bien je renverse la vapeur pour ne pas gâcher ma vie et la sienne. »

Dans une relation de charité, cette fois, ce sera la dimension *choix* qui sera première.

PLAISIR : « J'espère que nos contacts seront agréables. »

AFFECTION : « Il serait souhaitable que nous puissions nous confier l'un à l'autre. »

CHOIX : « Je m'engage envers vous au nom de mes valeurs. »

Supposons, pour simplifier, que ces valeurs soient évangéliques. C'est en leur nom qu'on vit en communauté religieuse, par exemple. Qu'on travaille auprès des plus pauvres. Qu'on s'occupe de catéchèse. Qu'on sert à la « popote roulante » ou qu'on prend du temps pour prier. Mais, ici encore, si le *choix* est l'axe dominant, il serait souhaitable que des relations *affectives* solides s'établissent avec les gens pour qui et avec qui on s'engage comme croyant. Et même qu'on ait du *plaisir* à œuvrer ensemble. L'amour de charité serait alors complet.

Une prière sur le registre principal

La prière est aussi une expérience d'amour. Pour qu'elle soit en santé, il faut donc les trois composantes de l'amour.

Mais, comme nous l'avons vu, une des trois va dominer, sans pour autant exclure les deux autres, et ici ce sera l'*affection.* La prière est donc un amour d'amitié avec Dieu.

PLAISIR: « Je me sens bien en ta présence. »

AFFECTION: « Tu me connais jusqu'au plus intime de moi-même, et c'est là que j'apprends à me donner à toi. »

CHOIX: « Je m'engage envers toi malgré tout ce qui pourra m'arriver parce que je crois en toi. »

Dans le travail de discernement concernant votre prière, vérifier si elle est située sur le clavier de l'*affection* constitue donc, au début, un bon critère. On verra tout à l'heure qu'il faudra nuancer. Mais pour le moment:

- Est-ce que j'essaie de maintenir une petite dose de chaleur dans ma relation avec le Bien-Aimé?
- Est-ce que je m'efforce de dépasser ma torpeur et mon indifférence naturelles quand je suis avec lui?
- Est-ce que, dans les outils que j'emploie, paroles, regards, gestes, j'incorpore une petite mesure d'affection afin que mon cœur penche vers lui? Ou est-ce que ce n'est que mécanique?

J'ose espérer que les chemins de prière que nous avons explorés au cours des chapitres précédents prennent ici tout leur sens.

N'allez pas négliger l'ambiance et l'environnement. Pour nos deux amoureux, les chandelles, l'arrangement floral, la musique douce, la lumière tamisée et jusqu'à la disposition de la vaisselle, tout cela joue un rôle.

- Sans aller jusque-là, est-ce que je choisis le bon endroit, aménageant un petit décor spécial dans un coin s'il le faut? Un autre éclairage? Une chandelle peut-être? Est-ce que je m'éloigne du bruit, du téléphone?

Si vous choisissez pour votre demi-heure d'oraison la chaise de votre bureau de travail, vous savez comme moi ce qui va arriver...

Tant qu'à y être, posez-vous donc la question à savoir à quel moment de la journée êtes-vous le plus facilement touché par un paysage, un poème, la musique. Pour certains ce sera le matin. Ceux-là ont intérêt à placer la prière à ce moment-là, parce que ce sera aussi à ce moment-là que Dieu aura le plus de chances de les «toucher». Pour d'autres, dont je suis, ce sera le soir. Je suis de marbre le matin. Profitez-en pour m'engueuler. Je ne réagirai pas. Garanti. Par le fait même, je prie de manière profitable surtout le soir.

Donc faire ce qui est en votre pouvoir pour placer la prière sur le registre de *l'affectif.* Mais ce n'est malheureusement pas un critère absolu. Vous pourriez bien avoir fait l'effort pour y mettre un peu de chaleur, sans pour autant y parvenir. On n'est pas maître de son *affectif* autant qu'on le voudrait. Pire encore, à mesure que vous progresserez dans les voies de la prière contemplative, vous aurez de plus en plus *l'impression* que votre oraison devient plus aride. Ce peut être le cas, remarquez. Mais c'est le plus souvent dû au fait que *l'affectivité devient de plus en plus sobre* dans ses manifestations subjectives.

On pourrait comparer avec le graphique d'un cardiogramme. Dans une première étape de votre cheminement, les oscillations, tant vers le haut que vers le bas, sont importantes. Habituellement cela coïncide avec la prière-conversation. «Seigneur, je te loue pour tout.» Un haut. «Seigneur, je n'ai rien à te dire.» Un bas. Et ainsi de suite. Puis, avec le temps, les fluctuations diminuent. Désormais un mot, un regard ou un geste suffit pour susciter un petit élan vers Dieu. Le tout gagne en sobriété. Ce que votre tendresse pour Dieu gagne en continuité, elle le perd en amplitude. Si le contact semble plus facile à maintenir, les montées comme les descentes sont moins prononcées. Au fil du temps, la démarche se fait plus terne encore. Les oscillations ne sont plus que de légers flottements : effleurer le mot-prière ou esquisser le début du geste suffit pour maintenir votre attachement pour Dieu en éveil. L'invocation devient de plus en plus évanescente, paraît quasiment imperceptible. La répétition intégrale, on dirait maintenant qu'elle est de trop. Elle distrait presque.

Et, logiquement, vous avez, du même coup, l'impression de ne plus aimer : vous ne faites plus rien, vous ne lui dites plus rien et vous ne ressentez presque plus rien. Vous avez l'impression que le sentiment d'amour pour Dieu s'amenuise jusqu'à l'extinction quasi complète. Ce qui est assez troublant. Si vous vous interrogez, vous devez répondre : « Oui, je pense que Dieu est là, mais... » Plus que jamais, rappelez-vous alors que le Seigneur n'est pas un objet de plaisir sensible, bien qu'il fasse sentir parfois sa présence. Plus souvent, vous n'éprouverez qu'une certitude intérieure en dehors de tout sentiment ou sensation. Parvenu à ce stade, Bossuet parlait d'un « sentiment non senti » de sa présence. D'autres mystiques prendront l'image d'une braise. Ce n'est plus un feu, avec des flammes qui montent et qui descendent, ce n'est plus qu'un tout petit brasier. Lui faire du vent, en reprenant la répétition, ce serait l'éteindre. Il suffit de souffler tout doucement dessus pour garder l'âme au chaud.

Alors, si vous reprenez à la lettre le critère mentionné, « plus il y a d'affection, mieux c'est », vous allez donner du vent à pleins poumons... et tout compromettre. Vous allez avoir la tentation de reprendre des trucs de prière qui, autrefois, fonctionnaient, et aller à l'encontre des chemins de l'Esprit. Celui-ci arrange invariablement les choses pour que vous preniez de moins en moins de place, et lui, de plus en plus. Le défi c'est de le laisser faire. De souffler de moins en moins sur la flamme. « Il n'existe pas d'oraison où "rien ne se fait" et où "rien ne se passe", encore qu'il puisse bien exister une oraison où rien n'est perçu, senti ou pensé[90]. »

Bref, pour ces deux raisons (vous n'êtes pas entièrement maître de la chaleur de votre *affectif* d'une part, et d'autre part, l'*affectif* semble devenir de plus en plus tiède à mesure que vous progressez), juger uniquement sa prière d'après ce thermomètre serait hasardeux.

Mais toute cette discussion n'aura pas été inutile pour autant. Si elle ne vous permet guère de porter un jugement sur votre prière, elle vous permet de savoir ce que vous devez essayer en tout temps d'y faire. *Affectioniser.* C'est un néologisme, mais vous me le permettrez. *Affectioniser.* C'est dans cette direction que vous devez travailler au cours de l'oraison, orienter votre ingéniosité amoureuse. Je ne recommande pas ici la mièvrerie ou le sentimentalisme. Il ne s'agit pas de confondre la prière avec le retentissement émotionnel qui peut l'accompagner. Il reste que, si l'amour consiste en un don de soi mutuel, il lui faut, vous le savez, pouvoir s'exprimer.

C'est à cette expression que vous devez vous appliquer. Sans réussir souvent, hélas.

— Est-ce que je parle trop (ou pas assez) quand je prie ?

— Cela n'a pas d'importance. Si les mots vous viennent, dites votre foi et votre cœur. Sinon, laissez tomber.

— Mais mon heure de prière n'est qu'un tissu de distractions...

— On aura à en parler plus longuement. Mais je peux déjà vous dire que le meilleur remède, c'est de nourrir votre affection pour lui. J'ai cru, moi aussi, pendant de nombreuses années, que le combat principal de la prière était dans la lutte contre les distractions. À tel point que j'avais ouvert tout un fichier intitulé « Trucs anti-distraction ». Après essai, je cotais chacun de un à dix, par

90. Thomas MERTON, *Les chemins de la joie,* Paris, Plon, 1961, p. 53.

ordre d'efficacité. C'est vous dire que je prenais la bataille à cœur. Le tout prenait déjà des airs de guerre mondiale, quand je me suis rendu compte qu'il valait mieux faire la paix. J'étais toujours battu de toute façon... L'expérience aidant, je crois maintenant de plus en plus que l'enjeu principal de la prière ne consiste pas à lutter contre les distractions qui la parasitent, mais à la rendre chaleureuse. Si votre prière est chaleureuse, vous n'aurez pas de distractions. Comme deux amoureux que rien ne dérange. Ou plutôt, elles seront comme des nuages blancs qui traversent un ciel bleu. Elles sont bien là. On les voit passer. Mais on n'a nulle envie de s'y aventurer : on est tellement bien avec lui.

— Est-ce que j'emploie le bon mot, le bon geste ?

— Là n'est pas la question. Ne cherchez pas à changer. Cherchez seulement à y mettre un peu de tendresse.

— Est-ce que le tempo est trop rapide, trop lent ? Faut-il se concentrer davantage sur le contenu ? Mon silence est-il assez long ?

— Ne vous posez pas tant de questions. Une seule chose compte : vous efforcer, *si possible*, de maintenir votre relation à Dieu sur le registre de *l'affection*.

Une prière sur les registres secondaires

Il arrive parfois que la prière se conjugue sur le premier clavier, celui du *plaisir*. Surtout dans les débuts.

PLAISIR : « Seigneur, te rencontrer me procure une joie intense qui se répercute sur tout mon être. »

AFFECTION : « Je n'ai pas encore appris à m'appuyer sur toi dans mes bons comme dans mes mauvais jours. »

CHOIX : « Je ne vois pas la nécessité de m'engager fidèlement envers toi. »

Une prière toute centrée sur les consolations. Une prière dans la mouvance de l'expérience de conversion toute fraîche : celle de mercredi dernier. Une prière qui se limite à la fameuse soirée hebdomadaire de prière commune tant attendue.

Tant mieux si cela vous soutient et vous rapproche du Seigneur. « Profitez-en pendant que ça passe », comme on dit. Parce que viendra le moment où l'Esprit fermera le robinet. Si d'ici là, vous n'avez pas développé avec le Seigneur une relation plus approfondie sur le registre de la communication mutuelle, par la lecture spirituelle, l'étude de l'Écriture, la fréquentation des sacrements, vous ne pourrez pas durer quand le temps des Alléluia s'estompera. Et si vous ne choisissez pas un engagement de fidélité, vous ne parviendrez pas à traverser les déserts inévitables.

En bref, je n'en dirai ici pas plus que ce que nous enseigne toute la tradition spirituelle à propos de cette prière savoureuse : « Profitez-en pour amasser des vivres dans votre grenier, viendront des jours de disette où vous en aurez besoin. » On pourrait dire que le discernement à faire, en ce cas, serait d'ordre préventif : présumer la fin de la rosée céleste dès maintenant.

Hélas, le sort des vieux routiers de la prière que nous sommes devenus, ou que nous deviendrons bien un jour, est plus déplorable. Exactement le contraire du cas précédent : il ne reste, à peu près, qu'une fidélité toute sèche, qu'une persévérance toute nue devant Dieu.

PLAISIR : « Je ne ressens plus rien depuis longtemps. »

AFFECTION : « Je me sens vide quand j'ai à m'adresser à toi. »

CHOIX : « Je m'accroche parce que j'y crois malgré tout. »

Vous vous reconnaissez ? Malheureusement, n'est-ce pas ? Si la prière sur le registre de l'*affectif* est « normale », au sens où elle devrait servir de règle et de modèle, celle qui se cantonne sur le *choix* est, hélas, « normale » : elle correspond au type le plus fréquent et elle est le lot du plus grand nombre.

Comment alors jauger une telle prière ? Je vous entend déjà maugréer :

— Elle est bourrée de distractions, une n'est pas partie que deux autres arrivent. C'est grave, docteur ? Aucun sentiment affectueux... il ne se passe jamais rien... du temps perdu. C'est mauvais signe, pas vrai ? Dieu me semble loin, très loin... Échecs à répétition. Catastrophique, non ?

Et d'ajouter, la mine découragée :

— J'ai beau me débattre, impossible d'y changer quoi que ce soit. Je suis condamné d'avance.

Si c'est votre cas, je vous propose de brasser les cartes et de revoir les règles du jeu.

Le premier critère pour mesurer la valeur de votre prière ne serait-il pas le *temps que vous y consacrez* ? Madeleine Delbrêl, que nous avons déjà rencontrée, définissait celle-ci comme étant « un prélèvement du temps dans le seul but d'être offert à Dieu[91] ». Pas autre chose. La première loi de la prière, c'est de durer, de tenir bon, de se cramponner, d'épuiser la période de temps. Alors, pour en faire l'évaluation, la question que vous devez vous poser n'est autre que :

— *Est-ce que j'ai donné le temps nécessaire ?* Ai-je planifié mon horaire en conséquence ? Sauf raison majeure, m'y suis-je tenu ? Ai-je complété le temps jusqu'au bout ?

La première qualité de la prière ne sera jamais sa sublimité, son élévation, sa finesse, mais sa seule fidélité. Rappelez-vous l'Évangile : Jésus n'insiste sur rien d'autre que la persévérance. Ce qui veut dire, tout bonnement, sa répétition, sa quantité mesurable

91. Madeleine DELBRÊL, *La joie de croire*, Paris, Seuil, 1967, p. 203.

sur une montre. Et il ne met en garde contre rien d'autre que le découragement : principal obstacle, unique tentation.

Je vous fais part de ma conviction la plus profonde : pas de meilleure preuve de notre amour pour Dieu que de lui consacrer cette heure irremplaçable de notre vie qui s'écoule. Et ce sera d'autant plus vrai si cette heure que nous lui offrons en libation ne nous rapporte strictement rien. Alors nous lui donnons notre être même. Que sommes-nous, en effet, sinon le temps qui s'écoule entre le moment de notre naissance et celui de notre mort ? Et voilà que nous lui en sacrifions une tranche. Rien que pour lui. Sans retour sur soi, même si on y songe.

> Donnons-lui ce temps avec la résolution ferme de ne plus le reprendre jamais, quelles que soient les épreuves, les contradictions ou les sécheresses, que nous ayons à endurer. Considérons ce temps comme une chose qui ne nous appartient plus, et qu'on peut nous réclamer en justice, si nous ne le donnons pas tout entier[92].

À défaut de qualité, donnez-lui de la quantité. Dieu ne cherche pas des gens qui prient bien, mais des gens qui prient beaucoup. Moins vous prierez, moins vous aurez envie de prier. Même si le peu qui reste vous semblerait de qualité. Plus vous prierez, plus vous aurez envie de prier. Au point de ne plus pouvoir vous en passer. Même si vous avez l'impression de ne pas savoir vous y prendre.

Comme deuxième critère, ne faudrait-il pas considérer les *soins que vous mettez à bien démarrer votre séance de prière* ? Je conviens que vous n'êtes pas maître de ce qui se produit (ou ne se produit pas) une fois le navire lancé, mais vous pouvez toujours *bien hisser les*

92. Sainte Thérèse d'Avila, *Le chemin de la perfection,* trad. P. Grégoire de Saint-Joseph, Paris, Seuil, 1961, p. 148.

voiles. Après... à la grâce de Dieu. Le curé d'Ars disait qu'une prière mal préparée est une prière mal faite. Alors, à plus forte raison, une prière mal engagée. La seconde question pour évaluer devient alors :

— *Ai-je été attentif à bien commencer ?* Conditions de lieu et de temps favorables ? Rupture bien faite ? Mise en présence de Dieu consciencieuse ?

C'est le moment le plus facile, puisque vous êtes encore tout neuf. Vous embarquez et vous avez encore le gouvernail en main.

Si vous entrez dans votre temps de prière alors que la télé n'est pas encore éteinte... Ou si vous jetez un coup d'œil à votre ordinateur, avant de vous mettre en prière, au cas où vous auriez reçu du courrier électronique. À lire après, bien sûr...

Il se peut que vous ayez à refaire ce commencement plusieurs fois en cours de route. Cela ne fait rien. Complètement perdu le nord dans la tempête ? Recommencez bien humblement, comme si vous remettiez les voiles.

Le troisième et dernier critère serait la *gérance des distractions.* Vous en aurez. Promis. La question à répondre n'est donc nullement :

— Suis-je coupable d'en avoir ?

Ce serait plutôt :

— *Qu'est-ce que j'ai fait quand je m'en suis rendu compte ?*

Il se peut que vous divaguiez depuis trois ou quatre minutes déjà avant d'en prendre conscience. Aucun mal jusqu'ici. Mais ensuite, qu'avez-vous fait ? C'est là le point crucial. Cette distraction, l'avez-vous mise radicalement de côté, pour revenir à Dieu ? Ou avez-vous continué à vagabonder parce qu'elle était plus intéressante ?

Vous avez la chance inouïe de prouver à Dieu que vous le préférez à elle. Mais alors, une distraction, c'est formidable ! Chaque fois, elle vous donne l'occasion de manifester envers Dieu un amour, non pas abstrait et fait de bonnes intentions, mais réel, mesurable, au ras du plancher des vaches.

— Seigneur je choisis de re-prier. Je te privilégie par rapport à ce papillonnage pourtant si alléchant. Mes distractions sont toujours plus intéressantes que toi, Seigneur, mais c'est toi que je re-choisis.

Si, en plus, cette préférence s'accompagne du sentiment d'humilité d'en être « seulement rendu là » et du désir de vous en sortir, donc de faire mieux la prochaine fois, n'ayez pas de remords, vous êtes gagnant.

Certains jours, vous aurez jusqu'à cinq cents distractions à l'heure, ce qui semble être la moyenne pour une personne normale. Eh bien, vous aurez alors l'occasion de témoigner cinq cents fois de votre attachement pour Dieu. Quelle veine !

Je vous avoue que j'ai eu la tentation d'intituler ce paragraphe : « éloge de la prière distraite ». J'aurais terminé en disant : « Ayez le plus de distractions possible, puisque c'est en les rejetant dehors que l'amour le plus ardent se manifestera. Chaque distraction constitue une grâce étonnante, remerciez Dieu à chaque fois que vous avez le privilège d'en avoir une à repousser. »

En résumé, la prière se mesure uniquement d'après ces trois critères : le temps fidèlement donné, l'effort pour bien commencer, l'option prise lors des distractions. Et jamais d'après ce que j'ai vécu ou ressenti. Ou pas ressenti. Donc d'après *ma générosité* et non pas *les résultats.*

Durant sa retraite annuelle, une religieuse adoratrice demande à me rencontrer. Suivant les règles de sa communauté, elle doit faire, chaque jour, une heure d'adoration devant le Saint-Sacrement exposé. Comme tout de go elle se plaint avec anxiété qu'elle ne fait que dormir pendant cette occupation, pour détendre un peu l'atmosphère, je lui glisse avec un brin d'humour :

— Cela doit vous reposer...

— Mais, au contraire, je sors de là complètement épuisée.

Mais alors, tout s'éclaire. Son amour pour Dieu est intact. Il se fait même lutte et combat forcené. N'est-ce pas une prière merveilleuse ? Et qui, de surcroît, la maintient dans l'humilité...

Une prière située sur de mauvais registres

Il peut arriver que la situation soit plus délicate, et c'est notamment le cas quand la prière se focalise sur des composantes qui, tout en faisant partie de l'être humain, sont en dehors du domaine propre de l'amour.

SENSIBILITÉ : « Je considère que je prie quand je suis ému sensiblement par la présence de Dieu. »

PLAISIR :

AFFECTION :

CHOIX :

IMAGINATION : « Je considère que je prie quand mon attention demeure fixée sans défaillance sur Dieu. »

MÉMOIRE : « Je considère que je prie quand je répète avec application des formules apprises par cœur. »

INTELLIGENCE : « Je considère que je prie quand je pense à Dieu et réfléchis sur ses attributs. »

Sensibilité

Commençons par le cas de la prière focalisée sur la *sensibilité.* J'allais dire « sur la *sensiblerie* ». Je l'ai déjà souligné à maintes reprises et je profite de l'occasion pour enfoncer le clou : la prière n'est pas affaire de sensibilité. L'amour est accompagné de sentiments — et la prière aussi —, mais l'amour n'est pas un sentiment — et la prière non plus. Tous deux prennent leur source dans une faculté plus profonde de l'être.

Jusqu'à un certain point, aimer, c'est une décision que l'on prend. Ainsi, deux personnes qui se marient, se *promettent* de se donner de l'amour l'un à l'autre. Viendra un jour où, aux yeux de l'homme marié, par exemple, la secrétaire du bureau semblera plus émoustillante que son épouse. Sa *sensibilité* lui suggérera alors d'autres avenues possibles. Mais son amour s'orientera dans la direction qu'il aura, à un tout autre niveau, à choisir : la fidélité à l'engagement ou une nouvelle aventure.

Jésus va jusqu'à *commander* de nous aimer les uns les autres. Il ne nous demande pas d'avoir, en ce qui concerne la *sensibilité,* des élans positifs débordants pour tout notre entourage, ce qui serait bien pratique, mais impossible. Il exige que nous ayons un certain comportement envers eux. Quand nous entrons en relation avec autrui — ou quand nous prions — nous ne sommes pas tout à fait maîtres de nos émotions. Celles-ci surgissent (ou ne surgissent pas) sans que nous en soyons pleinement responsables. Ni pleinement coupables, donc. Dans le cas de la charité, nous devrons essayer de faire abstraction de nos sympathies et antipathies naturelles. Elles sont réelles, mais de l'ordre de la *sensibilité.* L'Évangile est plus radical, il nous demande d'essayer de faire du bien à ceux avec qui nous sommes en relation. Cette bienveillance surgit d'un organe plus fondamental que de la seule *sensibilité.* Dans le cas de la prière, nous devrons persévérer. Rester fidèles à défaut d'attirance. Nous toucherons du doigt une grande vérité : nous sommes là pour lui et non pour nous-mêmes.

Ainsi, la prière ne se juge pas d'après les émotions car elle ne s'identifie pas avec celles-ci. Ce qui ne veut pas dire qu'il faut les combattre si elles surviennent. En fin de compte, le recours au registre de la *sensibilité* ne demeure-t-il pas ambigu ? Comment réchauffer les sentiments d'une manière qui ne soit pas artificielle ? Comment faire jaillir le repentir, l'amour ou la reconnaissance sans que ne soit touché et retourné ce lieu enfoui au plus profond de soi, ce lieu où Dieu peut se révéler : le *cœur profond.*

Imagination

Certains envisagent la prière, en tout ou en partie, comme un contrôle de l'*imagination.* L'enjeu consisterait alors en cette guerre contre l'ennemi déjà rencontré : les distractions. De ces parasites, qui n'a pas à se plaindre, en effet ? D'autant plus qu'une fois que l'une d'entre elles, plus captivante que les autres, s'est infiltrée dans le *mental,* elle laisse inévitablement couler son suc dans l'*affectif.* Au diable le recueillement !

Ce qu'on peut dépenser d'énergie et d'ingéniosité à les contrôler ! Aucune recette ne semble infaillible. En effet, aucune ne s'est imposée au cours de l'histoire de la spiritualité. Et ce n'est pas parce qu'on n'a pas essayé...

J'aime bien cette histoire d'un jeune juif qui va voir son rabbin et lui demande :

— Dis-moi, rabbi Moshé, je pense me mettre à l'école de rabbi Isaac pour qu'il m'apprenne à servir le Très-Saint. Mais comment savoir si la Sagesse du Seigneur est avec lui ?

— Demande-lui un truc pour chasser les distractions. S'il t'en donne un et qu'il prétend qu'il est efficace, c'est un charlatan, laisse-le tomber.

Et pourtant, si elles passent à nos yeux pour des péchés inadmissibles, chose surprenante, Jésus n'a jamais exigé que notre intimité avec le Père soit sans distractions. On peut même supposer que lui-même en avait, puisqu'il était pleinement homme, et qu'à ce titre, il était doté d'une imagination qui, parfois, devait lui jouer de mauvais tours.

Faute de mieux, j'ai proposé, tout au long de cet ouvrage, de vous servir de cette faculté, vous représentant le Seigneur à partir d'images familières, dans le but d'être renvoyé à l'organe essentiel : le *cœur.* C'est l'objectif des images de la liturgie et de l'art sacré.

En bout de ligne, ne pas trop se désoler ni trop dévaloriser sa prière si l'imagination est vagabonde. C'est la résolution de fond qui est à considérer comme règle de mesure.

— J'ai été entraîné par ma fantaisie, dont je ne suis pas pleinement maître, par ma rêverie qui est volage. Mon désir d'être à Dieu est demeuré intact toutefois. Je le sais puisque je suis régulièrement revenu à lui.

La prière vraie n'est pas une attention sans défaillance, mais une ferme volonté de lui appartenir toujours plus.

Mémoire

Jetons un coup d'œil rapide sur une autre situation possible : une prière placée sur le registre de la *mémoire.* Ici, le texte est connu par cœur et il suffit de le réciter sans trop s'y investir. En pratique, sinon en théorie, une telle prière pourrait se dérouler en dehors du domaine de l'amour, puisque la *mémoire* n'a rien à voir avec l'amour. Pas besoin d'aimer : il suffit d'actionner le moulin à prières[93]. Dans l'univers chrétien, c'est surtout le chapelet qui a écopé de ce travers, mais le bréviaire aussi, voire même la liturgie eucharistique. Si le cœur n'y est pas, la pratique est vaine.

93. Le moulin à prières est un instrument sacré des Tibétains. Il se compose d'un cylindre creux en métal qui tourne sur un axe, à l'intérieur duquel sont renfermés des bandes de papier ou d'étoffe couvertes de prières. Chaque fois qu'on le fait tourner de droite à gauche (la rotation en sens inverse détruit l'efficacité de l'acte), on acquiert les mêmes mérites que si on avait lu d'un bout à l'autre ce qui est écrit à l'intérieur. On a retrouvé des instruments semblables en Assyrie et en Perse.

Comme ce n'est plus guère à la mode, et que vous êtes tous d'accord avec moi pour dire que débouler des formules ce n'est pas prier, je passe[94].

Intelligence

Placer la prière sur le terrain de l'*intelligence*. Erreur très fréquente. En faire une activité cérébrale. « Mettez-vous en présence de Dieu », nous dit-on. Fort bien. Et on s'assoit le corps raide, le dos bien droit, les mains et les pieds en bonne position, puis on essaie de ne *penser à rien*. Plus on réussit, mieux on dort.

Mais si on rencontre un vieil ami, on ne s'assoit pas devant, dans l'attitude du Sphinx, en se concentrant suffisamment sur lui

94. Une confusion fréquente consiste pourtant à placer le pardon dans le registre de la mémoire :

— Je voudrais pardonner mais je n'arrive pas à oublier.

— Félicitations. C'est le signe que vous avez une excellente mémoire. Heureusement, le pardon c'est autre chose.

En effet, le pardon est un *geste d'amour*, envisagé au nom de certaines valeurs, donc placé sur le registre du *choix*. Il ne consiste pas à oublier ; d'ailleurs, comment pourrait-on encore pardonner ce dont on ne se souvient pas ? On ne peut pardonner que ce que l'on n'a pas réussi à oublier. Le pardon consiste à ne pas faire payer pour l'offense qui nous a été faite. C'est une décision que l'on prend, un *choix* qui est fait. Idéalement, et c'est ici que cela devient difficile, il faudrait que le pardon recouvre, avec le temps, le domaine de l'*affectif* (que des liens d'échange se retissent avec l'offenseur). Et le sommet ce sera quand même le domaine du *plaisir* sera converti (que le ressentiment disparaisse et que la rencontre avec l'offenseur redevienne un moment agréable).

Le Christ ressuscité n'a pas oublié sa passion au contraire il montre ses plaies à ses disciples. Mais au lieu de leur faire payer leur trahison, il en fait très précisément l'instrument même de leur salut.

Ah ! si je pouvais faire des offenses qui me sont faites des occasions de bien pour mes ennemis...

pour ne pas avoir de distractions. On va se parler, se sourire, se taper sur l'épaule... Pourquoi pas avec Dieu ?

Demandez un conseil sur votre oraison à un « Révérend Père », et il sera toujours dans le sens du Sphinx : « les bras bien posés, les pattes en lotus » qu'il vous dira, et surtout « concentrez-vous ». Je ne sais pas où on a été pêcher ces inepties : on n'aime pas comme ça. Et plus vous appliquez ces consignes scrupuleusement, plus vous allez aboutir à un double résultat : des fourmis dans les jambes et un ronflement plus ou moins prononcé. Le Révérend Père ajoutera sans doute : « Pensez à Dieu et à ses mystères. » Comme un amoureux qui dirait à sa fiancée :

— Chérie, assieds-toi dans ce coin, le plus raide possible, et là, *réfléchis sur moi.*

Quand on s'aime, on se regarde dans les yeux, on se parle doucement, on se prend par la main, on se caresse...

On a eu le malheur de parler « d'oraison *mentale* ». Mais l'oraison, ça ne se fait pas d'abord dans la tête, ça se fait dans le cœur de la personne, en plein centre. C'est de là que part l'envie de sourire à quelqu'un. C'est là que naît l'envie d'une caresse. C'est là que se vit l'impression de bien-être en présence d'un ami. C'est là que ça se déchire quand on est trahi par l'infidélité d'un partenaire.

C'est donc là aussi qu'il faut placer la prière.

Le Père Matthéo, célèbre prédicateur populaire d'il y a deux ou trois générations, disait : « On est fait pour la prière. Il y a juste la tête qui est de trop. »

Il rejoignait ce que disent les starets : «La tête est un marché aux puces encombré par la foule. On ne peut prier Dieu en cet endroit[95]. »

Ceci n'est pas mépris ou humiliation de l'*intelligence* dans la recherche de Dieu.

95. THÉOPHANE LE RECLUS, cité dans Higoumène CHARITON DE VALAMO, *L'art de la prière*, Abbaye de Bellefontaine, 1988, p. 252.

> Nous ne sommes pas ici dans le mythe du « bon sauvage », de « l'imbécile heureux » ou de « l'ignorant illuminé ». Il s'agit seulement d'explorer un espace de nous-mêmes qui dépasse tous les modes conceptuels ou imaginaires. Loin de disparaître, l'intellect doit descendre dans le cœur[96].

S'agissant de réfléchir sur Dieu, le jeu des concepts n'est pas sans utilité. On compare un concept comme celui de puissance à des réalités qui nous sont plus familières. On finit toutefois par s'en lasser. En fait, des raisonnements peuvent-ils étancher notre soif de Dieu ? Sommes-nous en contact avec Dieu en nous appliquant de cette façon ? Il semble souvent que non. Au début, peut-être, mais très tôt la tête ne semble pas le bon organe pour la rencontre avec Dieu[97].

> Pour descendre dans le cœur, il convient de mettre en jeu d'autres facultés plus intérieures, plus mystérieuses et plus cachées. Notre intelligence raisonnante doit cesser de discourir pour nous laisser découvrir un autre espace, tellement plus gratifiant[98].
>
> Là, Dieu nous attend avec une infinie patience.

96. Daniel MAURIN, *L'oraison du cœur. Un chemin vers Dieu,* Paris/Fribourg, Éditions Saint-Paul, 1983, p. 109.

97. Parfois on fait aussi l'erreur de situer le pardon sur le plan de l'intelligence. Au prix d'une distorsion de celle-ci : « Non, ce que tu m'as fait n'est pas grave. » Ou : « Ce n'est rien, ça ne m'a pas fait mal. » Ou encore : « Ce n'était pas de ta faute. »

On confond alors pardon et excuse voire pardon et négation des faits. Ces notions peuvent parfois se recouper, mais quand il y a eu une véritable offense, pardonner revient à dire (et à faire) :

— Ce que tu as fait est mal. Ça m'a fait souffrir. C'était intentionnel de ta part. Mais je prends la décision de ne pas me venger. De faire en sorte que ce mal ne soit pas un obstacle à nos relations.

98. Daniel MAURIN, *op. cit.,* p. 41.

Épilogue

« L'amour rend éloquents ceux qu'il anime[99]. »

Christopher MARLOWE

Depuis, les animaux se sont dispersés. Mais à cause de la méprise des débuts, la désignation d'un porte-parole fut à refaire. Et l'est toujours. Il faut dire que l'histoire de pomme qui a suivi n'a rien arrangé.

Attention pour ne pas faire trop discourir le Singe qui nous habite. Il nous donne bonne conscience avec ses tirades, mais il ne se rend pas compte du fait que le Flamant Rose dort debout.

Facile de ne pas choisir le Paon. Relativement facile de ne pas faire parler la Girafe.

Élire le Pinson qui est en nous est plus tentant. On croit que l'amour doit se chanter. En ce cas, il ferait un si bon ambassadeur. Quand on croit que l'amour est une émotion, on a la propension à se remplumer le gosier.

99. Christopher MARLOWE, *Hero and Leander.* Poème de 1598.

Le problème avec la Colombe, c'est qu'elle est terriblement timide. Elle ne gémit que lorsque les autres se taisent. N'ayant pas beaucoup tendance à changer d'idée, le choix de Dieu semble tenir malgré tout. Son Esprit, la Colombe parfaite, pousse en nous des «gémissements ineffables» (*Rm* 8,26).

Prier, c'est... arriver à faire taire les autres animaux.

Prier, ce serait... faire gémir ces deux Colombes à l'unisson.

Pour poursuivre la réflexion

Sur la prière classique

CAFFAREL, Henri, *Cinq soirées sur la prière intérieure*, Paris, Feu Nouveau, 1980. *Excellent outil pédagogique. Très facile.*

BESNARD, A.-M., o.p., *Propos intempestifs sur la prière*, Paris, Cerf, 1978. *Une œuvre majeure écrite par un maître spirituel de notre temps. À la fois pratique et de haut niveau. À lire absolument et à relire. À petites doses.*

DUMORTIER, Jean-Michel, o.c.d., *Chemins vers l'oraison profonde. Initiation pratique*, Paris, Cerf, 1990. *Présentation intéressante d'une suite d'exercices pour renouveler la prière. Simple, utile.*

MAURIN, Daniel, *L'oraison du cœur. Un chemin vers Dieu*, Paris-Fribourg, Éditions Saint-Paul, 1993. *Hautement recommandé. Un peu prolixe, mais donnant une vision équilibrée et bien documentée sur la tradition (occidentale surtout) de l'oraison à partir d'une invocation.*

STINISSEN, Guido, o.c.d, *Comment faire oraison ? Un itinéraire sur les traces de Thérèse d'Avila*, Paris, Cerf, 1997. *Petit volume constituant une excellente introduction à la doctrine de Thérèse.*

THÉRÈSE D'AVILA, *Le Chemin de la perfection*, trad. P. Grégoire de Saint-Joseph, Paris, Seuil, 1961. *Un incontournable qui, malgré les siècles, se lit facilement. Écrit avec le souffle de la sainteté.*

Sur la prière de Jésus

COUTU, Lucien, c.s.c., *La méditation hésychaste. À la découverte d'une grande tradition de l'Orient,* Montréal, Fides, 1996. *Approche éclairante, par un spécialiste occidental, de la tradition mystique de l'Orient. Lecture aisée. Bibliographie.*

CHARITON DE VALAMO, Higoumène, *L'art de la prière*, Abbaye de Bellefontaine, 1988. *Anthologie de textes du monachisme oriental récent. Plus facile que la philocalie. (Peut se commander à la librairie de l'Abbaye d'Oka).*

Un moine de l'Église d'Orient, *La prière de Jésus. Sa genèse, son développement et sa pratique*, Chevetogne, 1963. À *lire pour une première approche de la tradition orthodoxe. Clair et précis. Très facile.*

Petite philocalie de la prière du cœur, traduit et présenté par Jean Gouillard, Paris, Seuil, 1968. *Anthologie de textes des pères orientaux. Difficile d'accès pour les non-initiés, mais très riche.*

Sur la prière de méditation

KEATING, Thomas, o.c.s.o. (avec B. Pennington et T. Clarke), *Finding Grace at the Center*, Petersham, Massachusetts, St. Bede Publications, 1978. *The Heart of the World. An Introduction to Contemplative Christianity,* New York, Crossroad, 1981. *Open Mind, Open Heart*, New York, Amity House, 1986. *En anglais seulement. Exposition pratique de la Prière de centration. D'abord aisé.*

MAIN, John, o.s.b., *La méditation chrétienne. Conférences de Gethsémanie*, Montréal, Benedictine Priory, 1985. *Parole du silence*, Montréal, Éditions du Jour, 1995. *La méditation, voie de la lumière*, Montréal, Éditions du Jour, 1997. *Quelques traductions en français de la pensée et de l'enseignement de l'auteur. Très facile à lire. Tenir compte de mes divergences exposées plus haut, au chapitre 3.*

PENNINGTON, Basil, o.c.s.o., *Centering Prayer. Renewing an Ancient Christian Prayer Form*, New York, Doubleday, 1980. *Daily We Touch Him : Practical Religious Experiences,* New York, Image Books, 1979. *Centered Living,* New York, Image Books, 1986. *Call to the Center*, New York, Doubleday Image, 1990. *Jusqu'à présent, rien de disponible en français. Toujours facile et d'allure pédagogique. La prière de centration est plus proche de mes propos concernant le mot-prière que l'École de la méditation chrétienne.*

RATZINGER, Joseph, « Quelques aspects de la méditation chrétienne », *La documentation catholique* n° 1997 (7 janvier 1990), p. 16-23. *À consulter pour discerner.*

RYAN, Thomas, *La méditation à la portée de tous*, Montréal, Bellarmin, 1998. *Introduction très accessible à l'École de la méditation chrétienne. Présentation à la fois théologique, historique et pratique.*

Remerciements

Je voudrais exprimer ma gratitude à M. Paul Longpré et à Lise, son épouse. Ils ont accepté de lire mon manuscrit et m'ont fait de judicieuses remarques pour l'améliorer. Leurs corrections ont été aussi nombreuses que profitables pour ce travail.

Je remercie également ma communauté de Rougemont. Particulièrement mon Père Abbé, Dom André, qui m'a permis d'entreprendre cet ouvrage, le Fr. Michel qui m'a dépanné lors de mes déboires avec l'ordinateur et le P. Thomas qui a relu mon texte.

Table des matières